ZS

München
5. Auflage 2001
ISBN 3-89883-006-3

Grafische Gestaltung	Verena Fleischmann
Rezeptfotos	Christian R. Schulz (Rest siehe Bildnachweis)
Foodstyling und Rezeptbearbeitung	Monika Reiter, Simone van de Voort
Rezeptberatung	Daniele di Fabio, Heinz Seyr
Redaktion	Kathrin Gritschneder, Edelgard Prinz-Korte
Herstellung	Karin Mayer, Peter Karg-Cordes
Lithografie	inteca Media Service GmbH, Rosenheim
Druck & Bindung	Neue Stalling, Oldenburg

In Zusammenarbeit mit dem Bayerischen Fernsehen und der TR-Verlagsunion GmbH, München

Besuchen Sie uns auch im Internet unter www.zsverlag.de

Alfons Schuhbecks

Hausmannskost für Feinschmecker

ZABERT SANDMANN

Inhalt

Vorwort 6

Salate & Gemüse 8

Fisch & Meeresfrüchte 32

Schwein & Rind 50

Huhn & Wild 74

Kartoffeln & Nudeln 94

Eier & Milchprodukte 122

Register 134

Meine Liebe zu bodenständigen bayerischen Gerichten ist unverändert groß. Nach wie vor sind es die altbewährten Rezepte meiner Heimat, die mich begeistern. Hausmannskost – das müssen nicht deftige, gehaltvolle Gerichte sein, die einem schon beim Anschauen schwer im Magen liegen. Es sind vielmehr Gerichte, die über Jahrhunderte gewachsen sind, ganz typisch für eine Region, mit saisonalen Zutaten. Natürlich habe ich diese Rezepte dem heutigen Geschmack angepasst. Vieles ist einfach ein bisserl fettärmer und bekömmlicher geworden. Anderes habe ich mit Kräutern und exotischen Gewürzen, die ich von meinen Reisen mitgebracht habe, verfeinert.

Das ist meine Hausmannskost für Feinschmecker:

neu interpretiert und geschmacklich veredelt, traditionelle Rezepte überraschend zubereitet, mit raffinierten Einflüssen der Mittelmeerküche und der asiatischen Küche. Jeder, der gerne genießt und kocht, kann sich diese Einflüsse sicher aus seinem ganz persönlichen Repertoire nicht mehr wegdenken: Seien es mediterrane Zutaten wie Olivenöl, Knoblauch, Rosmarin, Thymian und viele andere Kräuter und Gewürze oder Exotisches wie Koriander und Zitronengras – ebenso wie neue Zubereitungsarten, z. B. Carpaccio oder Ausbacken in Tempurateig, bereichern sie unsere Küche. Und dass traditionelle Gerichte neben diesen Newcomern nicht verblassen, sondern durch sie erst so richtig neuen Pfiff bekommen, werden Ihnen alle Rezepte in diesem Buch beweisen.

Was in den Topf kommt, entscheidet nicht nur der gute Geschmack, sondern auch die Saison. Der echte Feinschmecker genießt nun mal alles zu seiner Zeit. Die hervorragende Qualität der Produkte liegt mir von jeher am Herzen: Am Anfang jedes Kapitels finden Sie deshalb Schuhbecks Kochschule mit den wichtigsten Tipps zu Einkauf, Lagerung und Verarbeitung. Die Grundtechniken der gehobenen Küche werden anhand typischer Rezepte vorgestellt. Hier habe ich auch viele Erfahrungen aus meinen Kochkursen einfließen lassen: Schließlich soll alles für den Hobbykoch leicht nachvollziehbar sein.

Die Einteilung der Kapitel erfolgt nach den Zutaten: So finden Sie kleine Gerichte und Vorspeisen mit Gemüse ebenso wie vegetarische Hauptgerichte und Salate zum Sattessen im Kapitel »Salate und Gemüse«. Dieses Konzept setzt sich in den übrigen Kapiteln fort: Vorspeisen und kleine Gerichte, hier und da eine Suppe, Hauptgerichte und Beilagen, gegliedert nach Produkten. Ob Salat und Gemüse, Nudeln und Kartoffeln, Fleisch, Fisch oder Mehlspeisen: Manches kommt einem bekannt vor, doch ist alles ein wenig raffinierter.

Ihr Alfons Schuhbeck

A. Schuhbeck

Salate & Gemüse

Wissenswertes zu Salat

EINKAUF

Salat sollte man immer so frisch wie möglich, in kleinen Mengen und nicht zu lange im Voraus kaufen, da er je nach Sorte nur bedingt haltbar ist. Beim Kauf von Salat darauf achten, dass er einen frischen Geruch, knackige Blätter und einen festen, geschlossenen Kopf hat.

Welcher Salat hat wann Saison?

Einheimische Salatsorten, wie z. B. Kopfsalat, gibt es von Frühjahr bis Winter, Chicorée von Herbst bis Frühling. Feldsalat, Frisée und Endivie haben ihre Saison vor allem im Herbst und Winter, Lollo rosso im Frühsommer. Mittlerweile werden auch bei uns fast alle Salatsorten ganzjährig angeboten.
Im Allgemeinen reichen 500 g Salat für 4 bis 5 Personen.

LAGERUNG

Je zarter die Salatsorte, desto leichter welken die Blätter und desto weniger lagerfähig ist der Salat. Feldsalat hält sich z. B. nur 2 Tage im Kühlschrank. Am besten bewahrt man Salat locker in ein feuchtes Küchentuch gewickelt im Gemüsefach des Kühlschranks auf. Wie bei den meisten Gemüsesorten auch sollte Salat im Kühlschrank nicht in der Nähe von Obst gelagert werden, da dadurch die Blätter schneller braun werden.

Mein Tipp:

»Kaufen Sie Salate und Gemüse in ihrer Hauptsaison, d. h., wenn einheimische Sorten auch bei uns geerntet werden. In dieser Zeit sind Salate und Gemüse besonders frisch, geschmacksintensiv, nährstoffreich und preiswert.«

VERARBEITUNG

Putzen und waschen

Salat erst unmittelbar vor der Verarbeitung gründlich in stehendem Wasser waschen. Die Salatblätter nicht zu lange im Wasser liegen lassen, da wasserlösliche Vitamine leicht ausgeschwemmt werden und so verloren gehen. Danach den Salat mit einem Küchentuch sorgfältig abtupfen oder in einer Salatschleuder trocknen. Zu feuchte Blätter können die Salatsauce verwässern.

Anrichten

Die Salatsauce bzw. das Dressing kann man bei den meisten Rezepten im Voraus zubereiten. Allerdings sollte Blattsalat erst kurz vor dem Servieren mit dem Dressing vermischt werden, da die empfindlichen Salatblätter schnell weich werden.

Den Strunk herausschneiden und den Kopf in Blätter zerteilen.

Salatblätter in kaltem Wasser rasch, aber gründlich waschen.

Danach die Blätter gut abtropfen lassen oder trockenschleudern.

Wissenswertes zu Gemüse

EINKAUF

Beim Kauf von Gemüse darauf achten, dass alle Sorten knackig frisch und die Farben leuchtend sind. Das Fruchtfleisch sollte fest und saftig sein.

■ Saisonal einkaufen

Obwohl es inzwischen viele Gemüsesorten ganzjährig zu kaufen gibt, empfiehlt es sich, saisonorientiert und in kleinen Mengen für den täglichen Gebrauch einzukaufen und nur reifes Gemüse zu verarbeiten.

LAGERUNG

Gemüse eignet sich nur bedingt zum Lagern und sollte daher schnell verarbeitet werden. Kurzzeitig kann man die meisten Gemüsesorten locker in Frischhaltefolie oder in ein feuchtes Küchentuch gewickelt im Gemüsefach des Kühlschranks aufbewahren. Obst und Gemüse sollten immer separat gelagert werden, da einige Gemüsesorten empfindlich auf Obst reagieren und dadurch schneller verderben oder bitter schmecken können.

VERARBEITUNG

■ Putzen und waschen

Am besten waschen und, falls nötig, schälen Sie Gemüse erst kurz vor der Verarbeitung, im ganzen Zustand und unter fließendem Wasser. Vermeiden Sie, Gemüse zu lange im Wasser liegen zu lassen, da hierbei die wasserlöslichen Vitamine leicht verloren gehen.

■ Oxidation von Gemüse

Einige Gemüsesorten, wie z. B. Sellerie, oxidieren in geschältem Zustand an der Luft. Diese am besten bis zur Weiterverarbeitung mit etwas Zitronensaft einreiben. Kartoffeln maximal 2 Stunden in Wasser legen.

■ Gemüse blanchieren

Eine Möglichkeit, Gemüse vorzubereiten, ist das Blanchieren. Dazu Gemüse in reichlich Salzwasser je nach Sorte einige Minuten ohne Deckel bissfest kochen. Dann in sehr kaltem oder, wenn möglich, in Eiswasser abschrecken, um den Garprozess zu beenden und die Farbe des Gemüses zu erhalten. Gemüse auf ein Sieb gießen und mit einem Küchentuch trockentupfen, Blattgemüse gut mit den Händen ausdrücken. Nach dem Blanchieren kann das Gemüse 1 Tag zugedeckt im Kühlschrank bis zur Weiterverarbeitung aufbewahrt werden. Unterschiedliche Gemüsesorten sollte man getrennt nacheinander blanchieren. Wenn dabei sehr geschmacksintensives Gemüse, wie z. B. Kohl, mit blanchiert wird, das Wasser am besten nach jedem Blanchiervorgang erneuern.

Das Gemüse in siedendem Salzwasser kurz bissfest kochen.

Mit einem großen Sieblöffel das Gemüse aus dem Wasser nehmen.

Das Gemüse in kaltem Wasser, am besten Eiswasser, abschrecken.

Grundrezepte

Vinaigrette

Zutaten für etwa 300 g:
1 Schalotte
(oder 2 EL feine Zwiebelwürfel)
8 EL Rotweinessig
1 gestrichener TL Senf
Salz · Pfeffer aus der Mühle
200 ml Öl
frisch gehackte Kräuter

Zubereitung:

1 Die Schalotte schälen und in kleine Würfel schneiden.
2 Essig und Senf in einer Schüssel verrühren, nach Geschmack salzen und pfeffern.
3 Das Öl erst tropfenweise, dann etwas zügiger unter kräftigem Rühren hinzufügen.
4 Die Schalotten- oder Zwiebelwürfel und nach Geschmack frisch gehackte Kräuter in die Vinaigrette geben.

» Die klassische Vinaigrette besitzt ein Essig-Öl-Verhältnis von 1:3. Für eine leichtere Sauce kann man einen Teil des Öls durch Gemüsebrühe ersetzen. Zum Mildern der Essigsäure kann man den Essig am Anfang mit 1 Prise Zucker mischen. Bei geschmacksintensiven Ölen, wie z. B. Walnussöl, nur ein paar Tropfen zum Schluss zum Aromatisieren in die Salatsauce rühren, dabei als Grundöl ein neutrales Pflanzenöl verwenden. «

Bouillabaisse-Vinaigrette

Zutaten für etwa 450 g:
80 g Fenchel
1 dünne Stange Staudensellerie
1/2 rote Zwiebel (etwa 70 g)
1 Tomate · 4 EL Olivenöl
1 Msp Tomatenmark
3 EL Weißwein · 1 EL Weißweinessig
1/4 l Gemüsebrühe (oder Fischfond)
einige Safranfäden
1/2 gehackte kleine Knoblauchzehe
1/2 TL Anislikör (z. B. Pernod)
Salz · 1 Prise Zucker
1 Prise Cayennepfeffer
1 Thymianzweig

Zubereitung:

1 Fenchel und Sellerie putzen, waschen und in kleine Würfel schneiden. Die Zwiebel schälen, die Tomate überbrühen, häuten, vierteln, entkernen und beides in kleine Würfel schneiden.
2 In einem kleinen Topf bei milder Hitze in 1 EL Öl Fenchel, Sellerie und Zwiebel glasig dünsten. Tomatenmark dazugeben, etwas mitdünsten lassen.
3 Mit Weißwein und Essig ablöschen, mit Brühe auffüllen und 10 Minuten ziehen lassen.
4 Tomaten mit Safran, Knoblauch, Anis und übrigem Olivenöl hineinrühren und mit Salz, Zucker und Cayennepfeffer würzen. Den Thymian einige Minuten darin ziehen lassen, dann entfernen.

Portwein-Vinaigrette

Zutaten für etwa 250 g:
2 TL Puderzucker
1/8 l roter Portwein
1/8 l Gemüsebrühe
2 EL Rotweinessig
3 EL Balsamicoessig
1 Prise Zucker
4 EL Olivenöl
Salz · Pfeffer aus der Mühle
2 Rosmarinzweige
2 Knoblauchzehen

Zubereitung:

1 In einem kleinen Topf den Puderzucker karamellisieren lassen. Mit Portwein ablöschen, auf ein Drittel reduzieren und mit der Brühe auffüllen.
2 Den Topf vom Herd nehmen, Rotweinessig, Balsamicoessig, Zucker und Olivenöl hineinrühren. Mit Salz und Pfeffer würzen.
3 Rosmarin und Knoblauch kurz in der Vinaigrette ziehen lassen, zum Schluss wieder entfernen.

» Die Portwein-Vinaigrette kann auch – ohne die Gewürze – in größeren Mengen vorbereitet und bis zu 1 Woche im Kühlschrank aufbewahrt werden. Bei Verwendung die Vinaigrette lauwarm erhitzen und die Gewürze noch kurz darin ziehen lassen. «

French Dressing

Zutaten für etwa 300 ml:
1 Knoblauchzehe
1 Eigelb
1 TL scharfer Senf
1 EL Weißweinessig
2 EL Weißwein
Salz
1 Prise Zucker
1 Prise Cayennepfeffer
1 TL Worcestersauce
150 ml Öl
50 ml Gemüsebrühe
50 g Sahne

Zubereitung:

1 Den Knoblauch schälen und fein hacken. Knoblauch, Eigelb, Senf, Essig und Weißwein mit je 1 Prise Salz, Zucker und Cayennepfeffer sowie der Worcestersauce in einen Mixer geben.

2 Alles auf niedriger Stufe verrühren und das Öl in einem feinen Faden hineinlaufen lassen. Zum Schluss Brühe und Sahne hinzufügen.

» Da das French Dressing rohes Eigelb enthält, sollte es möglichst kühl aufbewahrt und innerhalb von 1 Tag verbraucht werden. «

Salsa verde

Zutaten für etwa 300 g:
3 eingelegte Sardellen
150 g frische Petersilie
250 g Wurzelspinat
Salz
1 Bund Basilikum
1 gehackte kleine Knoblauchzehe
Saft von 1 kleinen Zitrone
100 ml Olivenöl
1/8 l Gemüsebrühe
1 EL eingelegte kleine Kapern
Pfeffer aus der Mühle

Zubereitung:

1 Sardellen waschen, abtropfen lassen und in 5 mm breite Streifen schneiden.

2 Petersilien- und Spinatblätter von den Stielen zupfen, gründlich waschen, in Salzwasser blanchieren und in kaltem Wasser abschrecken. Im Sieb abtropfen lassen und ausdrücken.

3 Sardellen mit Petersilie, Spinat, Basilikum, Knoblauch, Zitronensaft und Olivenöl im Mixer pürieren.

4 Die Gemüsebrühe mit den Kapern hineinrühren und die Salsa mit Salz und Pfeffer würzen.

» Wird die Salsa verde nicht sofort serviert, das Salz am Ende weglassen und die Salsa erst kurz vor dem Servieren salzen. So bleibt die grüne Farbe erhalten. «

Schalotten in Rotwein

Zutaten für 4 Personen als Beilage:
400 g kleine Schalotten
(möglichst gleich groß)
1 EL Olivenöl · 1/2 TL Zucker
1/2 l Rotwein · 50 ml Portwein
1 ungeschälte Knoblauchzehe
1 frischer Rosmarinzweig
1 EL Balsamicoessig
Salz · Pfeffer aus der Mühle

Zubereitung:

1 Die Schalotten schälen, in einem Topf bei mittlerer Hitze im Olivenöl dünsten, den Zucker dazugeben und die Schalotten darin karamellisieren lassen.

2 Mit dem Rotwein und dem Portwein aufgießen, einmal aufkochen, dann Knoblauch und Rosmarin dazugeben.

3 Die Schalotten bei milder Hitze leicht köcheln lassen, bis sie weich sind bzw. bis die Flüssigkeit sirupartig eingekocht ist.

4 Falls nötig, die gekochten Schalotten und die Gewürze aus dem Topf nehmen und die Flüssigkeit nochmals reduzieren.

5 Mit Balsamico, Salz und Pfeffer abschmecken.

» Die Rotweinschalotten passen gut zu Wild, Rind, Lamm oder zu einem geschmacksintensiven Fisch, wie z. B. Seeteufel oder Wolfsbarsch. «

Gebratenes Gemüse

Zutaten für 4 Personen als Beilage:
½ Kopf Blumenkohl
½ Bund grüner Spargel
(oder Mini-Spargel)
2 EL Olivenöl
Salz · Pfeffer aus der Mühle
1 Prise frisch geriebene Muskatnuss

Zubereitung:

1 Blumenkohl putzen, in Röschen teilen und in 5 mm dicke Scheiben schneiden. Grünen Spargel im unteren Drittel schälen, längs halbieren und in 3 cm lange Stifte schneiden.

2 In einer Pfanne bei mittlerer Hitze im Öl zuerst die Blumenkohlscheiben anbraten und nach 1 bis 2 Minuten den Spargel dazugeben. Das Gemüse bissfest braten und mit Salz, Pfeffer und Muskatnuss würzen.

» Den Mini-Spargel nur halbieren und erst nach 3 Minuten zum Blumenkohl geben. Das gebratene Gemüse kann noch mit frisch gehackten Kräutern, wie z. B. Petersilie oder Kerbel, und etwas Butter verfeinert werden. «

Gedünstete Kopfsalatherzen

Zutaten für 4 Personen als Beilage:
2 Kopfsalatherzen
30 g Butter
50 ml Brühe
Salz · Pfeffer aus der Mühle
1 Prise frisch gemahlener Kardamom
1 ungeschälte Knoblauchzehe
1 Lorbeerblatt
1 Thymianzweig

Zubereitung:

1 Kopfsalatherzen, falls nötig, waschen, trocknen, halbieren und mit der Schnittseite nach unten in einer Pfanne bei milder Hitze in Butter andünsten.

2 Mit der Brühe ablöschen, mit Salz, Pfeffer und Kardamom würzen, Knoblauch, Lorbeerblatt und Thymianzweig dazugeben und die Kopfsalatherzen gar dünsten.

» Die gedünsteten Kopfsalatherzen schmecken zu Kalbfleisch oder gebratener Geflügelbrust. «

Geschmorter Chicorée

Zutaten für 4 Personen als Beilage:
2 Köpfe Chicorée
Butter für die Form
50 ml Brühe
50 ml Weißwein
Salz
1 Prise Zucker
20 g Butter

Zubereitung:

1 Den Backofen auf 180 °C vorheizen. Die äußeren Blätter vom Chicorée entfernen, Chicorée vierteln und den inneren Strunk keilförmig herausschneiden.

2 Eine entsprechend große Auflaufform mit Butter einfetten und die Chicoréeviertel nebeneinander in die Form legen.

3 Mit der Brühe und dem Wein aufgießen, mit Salz und Zucker würzen und die Butter in Flocken auf den Chicorée verteilen.

4 Im vorgeheizten Ofen auf der mittleren Schiene 30 Minuten garen, gelegentlich wenden.

» Der geschmorte Chicorée passt als Beilage gut zu Geflügel, Kalbfleisch oder gekochtem Schinken. Anstelle des Chicorées kann auch der weiße Teil vom Lauch geschmort werden. «

Frittierte Sellerie-Chips

Zutaten für 4 Personen als Snack:
1 kleiner Knollensellerie
Öl zum Frittieren
Salz

Zubereitung:
1 Knollensellerie schälen, halbieren und auf einem Gemüsehobel in 1 bis 2 mm dünne Scheiben schneiden.
2 Das Öl in einem großen Topf oder in einer Fritteuse auf 160 bis 180 °C erhitzen.
3 Die Sellerieschelben nacheinander portionsweise in das heiße Fett geben und darin goldbraun frittieren.
4 Mit einem Schaumlöffel die fertigen Sellerie-Chips aus dem Fett heben, auf Küchenpapier abtropfen und salzen.

» Anstelle des Selleries können dünne Möhren- und Zucchinischeiben sowie rohe Artischockenböden frittiert werden. «

Staudensellerie in Tempurateig

Zutaten für 4 Personen als Snack:
1 Strunk Staudensellerie
etwa 100 g fertiger Tempurateig (aus dem Asienladen)
Öl zum Frittieren
Salz

Zubereitung:
1 Den Staudensellerie zerteilen, putzen und waschen. Die Stangen von den Fäden befreien und in 2 bis 3 cm lange Stifte schneiden.
2 Den Tempurateig nach Packungsanweisung mit eiskaltem Wasser verdünnen.
3 Das Öl in einem großen Topf oder in einer Fritteuse auf 160 bis 180 °C erhitzen.
4 Die Selleriestifte mit einer Gabel in den Teig tauchen und in kleinen Portionen im heißen Öl goldbraun frittieren. Auf Küchenpapier abtropfen lassen und salzen.

» Genauso gut können auch dünne Möhrenstifte oder dünne Blumenkohl- sowie Brokkolischeiben in den Tempurateig getaucht werden. Statt in Tempurateig kann das Gemüse auch in Bierteig frittiert werden. «

Rote-Bete-Schnitzel

Zutaten für 4 Personen als Vorspeise:
2 große Rote Beten (à etwa 200 g)
1 TL ganzer Kümmel
Salz · Pfeffer aus der Mühle
1 Ei · 2 EL Milch · 3 EL Mehl
120 g Mohn
5 EL Öl
1 EL frisch geriebener Meerrettich

Zubereitung:
1 Rote Beten waschen und mit Kümmel in leicht gesalzenem Wasser weich kochen.
2 Von den gegarten Roten Beten die Wurzel- und Blattansätze entfernen und die Knollen schälen. In etwa 1 cm dicke Scheiben schneiden, salzen und pfeffern.
3 Ei mit Milch verrühren und die Rote-Bete-Scheiben nacheinander in Mehl, Eiermilch und Mohn wenden.
4 In einer Pfanne bei mittlerer Hitze im Öl knusprig braten, auf Küchenpapier abtropfen lassen und mit dem frisch geriebenen Meerrettich servieren.

» Die Haut der Roten Beten lässt sich am besten mithilfe eines Küchentuchs abschälen. Wer Verfärbungen an den Fingern vermeiden möchte, kann dafür Handschuhe benutzen. Zu den Rote-Bete-Schnitzeln passen Sahnemeerrettich und grüner Salat. «

Brezenknödelsalat

Für den Brezenknödel:
250 g Laugenbrezen (ohne Salz) vom Vortag
¹/₄ l Milch · 2 Eier
Salz · 1 Prise Cayennepfeffer
1 Prise frisch geriebene Muskatnuss
40 g Zwiebelwürfel · 25 g Butter
Butter für die Folie

Für das Dressing:
¹/₈ l Brühe
1 TL scharfer Senf
Salz · 1 Prise Zucker
1–2 EL Weißweinessig
2 EL Öl · 1 TL Walnussöl
Pfeffer aus der Mühle

Für den Salat:
1 Bund Lauchzwiebeln
100 g kleine Essiggurken
1 Bund Radieschen
100 g breite grüne Bohnen
100 g Cocktailtomaten · 2 EL Öl
400 g Regensburger Würste

Zum Anrichten:
100 g durchwachsene Speckscheiben
Öl zum Anbraten

Für 4 Personen

1 Für den Brezenknödel die Brezen in Würfel schneiden. Die Milch einmal kurz aufkochen und vom Herd nehmen. Die Eier verrühren, zur Milch geben, mit Salz, Cayennepfeffer und Muskatnuss würzig abschmecken und alles über die Brezenwürfel gießen. Die Knödelmasse mit Frischhaltefolie bedecken und 10 Minuten stehen lassen. Die Zwiebelwürfel in einer Pfanne in der Butter glasig dünsten und zur Knödelmasse geben. Die Masse zu einer Stange von 4 cm Durchmesser formen und in gebutterte Alufolie hüllen. Die Enden fest zudrehen und die Stange in siedendem Wasser 20 bis 25 Minuten ziehen lassen.

2 Für das Dressing die Brühe mit Senf, Salz und Zucker gut verrühren. Essig, Öl, Walnussöl und Pfeffer dazugeben und unterrühren. Falls nötig, mit etwas Salz nachwürzen.

3 Für den Salat die Lauchzwiebeln putzen, waschen und zusammen mit den Essiggurken in schräge Scheiben schneiden. Die Radieschen putzen und in dünne Scheiben schneiden. Die Bohnen ebenfalls putzen und in Rauten schneiden, in Salzwasser bissfest garen, in Eiswasser abschrecken und in einem Sieb abtropfen lassen. Die Cocktailtomaten waschen und halbieren.

4 Die Brezenknödelstange in 1 cm dicke Scheiben schneiden. In einer Pfanne das Öl erhitzen und die Brezenknödelscheiben darin bei mittlerer Hitze anbraten, bis sie auf beiden Seiten kross sind. Aus der Pfanne nehmen und vierteln. Die Regensburger Würste in etwa 5 mm dicke Scheiben schneiden. Alle Salatzutaten in einer großen Schüssel miteinander vermischen, mit dem Dressing übergießen und 10 Minuten ziehen lassen.

5 Zum Anrichten die Speckscheiben in einer Pfanne bei mittlerer Hitze mit etwas Öl kross braten. Auf Küchenpapier abtropfen lassen, in 2 cm breite Stücke schneiden und zum Salat geben. Den Salat nochmals gut mischen, abschmecken und auf Tellern verteilen. Eventuell noch etwas Dressing auf die Teller träufeln.

» Der Brezenknödelsalat kann mit einigen Blättern Feldsalat garniert werden, dazu die Blätter kurz durch das Dressing ziehen. «

Tomaten-Oliven-Tatar im Parmesankörbchen

Für das Parmesankörbchen:
100 g fein geriebener, nicht zu weicher Parmesan

Für das Tatar:
10 reife Tomaten
50 g entsteinte schwarze Oliven
1 Schalotte
½ gehackte Knoblauchzehe
1 TL Rotweinessig
2 EL Olivenöl
Salz · Pfeffer aus der Mühle

Zum Anrichten:
4 Basilikumzweige

Für 4 Personen

1 Für das Parmesankörbchen eine beschichtete Pfanne bei mittlerer Temperatur erhitzen. Jeweils ein Viertel des geriebenen Parmesans zu einer gleichmäßig dünnen Schicht von etwa 12 cm Durchmesser in die Pfanne streuen und hell bräunen. Die Pfanne vom Herd nehmen, die Parmesanhippe darin kurz abkühlen lassen, bis der Rand beginnt fest zu werden. Die Parmesanhippe mit einer Palette aus der Pfanne lösen, möglichst warm in kleine Schälchen drücken und abkühlen lassen.

2 Für das Tomaten-Oliven-Tatar von den Tomaten die Stielansätze entfernen, die Tomaten überbrühen, in Eiswasser abschrecken, häuten, vierteln und entkernen. Tomaten in kleine Würfel, Oliven klein schneiden. Schalotte schälen und in kleine Würfel schneiden. Tomaten, Oliven und Schalotte mit Knoblauch, Essig und Olivenöl mischen und das Tatar mit Salz und Pfeffer abschmecken.

3 Zum Anrichten die Parmesankörbchen auf Teller stellen, das Tatar hineinfüllen und jeweils mit 1 Basilikumzweig garnieren.

Feldsalat mit Geflügelleber und Kapern-Granatapfel-Vinaigrette

Für den Salat:
2 EL Rosinen · 6 EL roter Portwein
300 g Geflügellebern · 2 EL Öl
Salz · Pfeffer aus der Mühle
1 EL Balsamicoessig
100 ml Geflügelbrühe
1 EL Rotweinessig · 2 EL Olivenöl
1 TL dünnflüssiger Blütenhonig
2 EL eingelegte kleine Kapern
2 EL Granatapfelkerne
350 g Feldsalat

Für 4 Personen

1 Die Rosinen einige Stunden in 4 EL rotem Portwein einweichen.

2 Die Lebern säubern und in gleich große Stücke schneiden. In einer Pfanne bei milder Hitze von beiden Seiten in 1 EL Öl sanft braten, salzen und pfeffern. Herausnehmen, den Bratensatz mit restlichem Portwein und Balsamicoessig ablöschen, die Brühe hinzufügen, etwas reduzieren lassen und die Pfanne vom Herd nehmen. Essig, Olivenöl, Honig und restliches Öl in den Bratensatz rühren, Rosinen, Kapern und Granatapfelkerne hinzufügen und mit Salz und Pfeffer würzen.

3 Den Feldsalat gründlich putzen, waschen, trocknen und mit der Marinade mischen. Mit den Geflügellebern auf Tellern anrichten.

Thunfisch-Knoblauch-Salat

Für den Salat:
30 ungeschälte Knoblauchzehen
1 Bund grüner Spargel
1 EL Olivenöl
Salz · Pfeffer aus der Mühle
100 g entsteinte schwarze Oliven
80 g Kapernäpfel · 2 Nektarinen
400 g Thunfisch (Sushi-Qualität)

Für das Dressing:
1 TL Senf · 1/8 l Gemüsebrühe
Zucker · Salz · 1 Limette
3 EL Olivenöl · 1 mittelscharfe Chilischote · Szechuanpfeffer und Koriander aus der Mühle

Für 4 Personen

1 Für den Salat den Ofen auf 160 °C vorheizen. Die Knoblauchzehen auf einem Blech im vorgeheizten Ofen etwa 30 Minuten schmoren, bis sie weich sind. Abkühlen lassen und die äußere Schale entfernen.

2 Den Spargel im unteren Drittel schälen, längs halbieren und in 3 cm große Stücke schneiden. In einer Pfanne bei mittlerer Hitze im Olivenöl bissfest braten, salzen und pfeffern. Die Oliven halbieren, die Kapernäpfel abtropfen lassen. Die Nektarinen waschen, halbieren, entsteinen und in Spalten schneiden. Den Thunfisch erst in 1 1/2 cm breite Scheiben, dann in 3 cm große Stücke schneiden.

3 Für das Dressing den Senf und die Brühe verrühren, je 1 Prise Zucker und Salz dazugeben. Die Limette auspressen. Chilischote halbieren, entkernen und in Streifen schneiden. 1 bis 2 EL Limettensaft, Olivenöl und Chilistreifen zur Brühe geben und das Dressing mit Szechuanpfeffer und Koriander abschmecken. Zum Anrichten alle Zutaten mit dem Dressing vermischen. Den Salat möglichst schnell servieren.

Burgunderschnecken auf Salat von Pfifferlingen und Steinpilzen

Für den Pilzsalat:

je 200 g Pfifferlinge und Steinpilze
3 EL Öl · Salz · Pfeffer aus der Mühle
1 EL Essig · 1/2 TL Senf
50 ml Gemüsebrühe
1 EL frische Petersilie (grob gehackt)
Zucker

Für die Schnecken:

200 g eingelegte Burgunderschnecken (aus der Dose)
Salz · Pfeffer aus der Mühle
30 g Butter · 1 Knoblauchzehe
1 EL frisch gehackte Kräuter
einige Kopfsalatblätter

Für 4 Personen

1 Für den Pilzsalat die Pilze gründlich putzen und je nach Größe halbieren oder in Scheiben schneiden. In einer Pfanne bei mittlerer Hitze in 1 EL Öl etwa 2 Minuten anbraten und mit Salz und Pfeffer würzen.

2 Für das Dressing Essig, Senf, Brühe und 2 EL Öl verrühren, die Petersilie hinzufügen und mit Salz, Pfeffer und Zucker abschmecken. Die angebratenen Pilze damit marinieren.

3 Die Schnecken waschen, abtropfen lassen und mit Salz und Pfeffer würzen. In einer Pfanne bei mittlerer Hitze die Butter aufschäumen, die geschälte und halbierte Knoblauchzehe kurz anbraten, die Kräuter hineingeben und mit den Schnecken durchschwenken. Die Knoblauchzehe wieder entfernen.

4 Zum Anrichten die Kopfsalatblätter waschen und trocknen. Auf Tellern anrichten, die Pilze mit dem Dressing darüber verteilen und die Schnecken darauf anrichten.

Avocadosalat mit cremigem Limettendressing

Für das Dressing:

dünne Schale von 1/2 unbehandelten Limette
100 g Doppelrahmfrischkäse
Saft von 1 Limette · 4 EL Olivenöl
6 EL Gemüsebrühe · Salz
1/2 TL feiner brauner Zucker
1 Prise Cayennepfeffer

Für Gemüse und Früchte:

2 reife Avocados · 1/2 Salatgurke
1 Bund Lauchzwiebeln · 1/2 Mango

Für 4 Personen

1 Für das Dressing Limettenschale fein hacken. Mit Frischkäse, Limettensaft, Öl und Brühe mischen, mit Salz, Zucker und Cayenne würzen.

2 Für Gemüse und Früchte Avocados schälen, halbieren, Kern entfernen und Avocados quer in Scheiben schneiden. Gurke schälen, längs halbieren und schräg in Scheiben schneiden. Lauchzwiebeln putzen, waschen, das Grün entfernen, etwas zum Garnieren in Ringe schneiden, das Helle schräg in 1 bis 2 cm breite Stücke schneiden. Mango schälen, Fruchtfleisch vom Kern, dann quer in Scheiben schneiden.

3 Die Avocado- und Mangoscheiben abwechselnd fächerartig auf Tellern verteilen, helle Lauchzwiebeln und Gurken darüber streuen und das Dressing darüber träufeln. Mit grünen Lauchzwiebelringen bestreuen.

Backhendlsalat mit Zitronen-Senf-Sabayon

Für das Sabayon:
100 ml Geflügelbrühe
2 EL Zitronensaft · 1 TL scharfer Senf
1 Msp abgeriebene Schale einer unbehandelten Zitrone · 1 Eigelb
1 EL halbtrockener Sherry
Salz · 1 Prise Cayennepfeffer
4 EL Olivenöl

Für das Backhendl:
50 g frisch geriebene Semmelbrösel oder Mie de pain (siehe Tipp unten)
½ TL Oregano
Pfeffer aus der Mühle
frisch gemahlene Muskatnuss
4 Hähnchenbrüste (ohne Haut und Knochen)
Salz · 50 g doppelgriffiges Mehl
2 Eier · Öl zum Ausbacken
1 EL kalte Butter

Zum Anrichten:
200 g gemischte Salatblätter
80 g Radieschen
Salz · Pfeffer aus der Mühle
1 EL frische Schnittlauchröllchen

Für 4 Personen

1. Für das Sabayon Brühe, Zitronensaft, Senf, Zitronenschale, Eigelb und Sherry in eine runde Schüssel geben, mit Salz und Cayennepfeffer leicht würzen. In einem Topf etwas Wasser zum Kochen bringen, die Schüssel in den Topf über den Wasserdampf setzen und mit einem feinmaschigen Schneebesen die Masse dickschaumig aufschlagen. Die Masse darf dabei 80 °C nicht übersteigen, damit das Eigelb nicht stockt. Die Schüssel vom Wasserbad nehmen und das Sabayon bei Zimmertemperatur kalt schlagen. Das Olivenöl in einem dünnen Strahl kräftig unterrühren. Falls nötig, etwas nachwürzen.

2. Für das Backhendl die Semmelbrösel mit Oregano, etwas Pfeffer und Muskatnuss würzen. Die Hähnchenbrüste dritteln, salzen, pfeffern und nacheinander in doppelgriffigem Mehl, verquirlten Eiern und den Semmelbröseln wenden. Die Panade etwas abschütteln, aber nicht andrücken.

3. Das Öl 2 cm hoch in eine tiefe Pfanne füllen und bei mittlerer Temperatur erhitzen. Die panierten Hähnchenbrüste darin von beiden Seiten goldbraun backen. Zum Schluss die Butter in das Öl geben und darin aufschäumen lassen. Die Hähnchenteile herausnehmen und auf Küchenpapier abtropfen lassen.

4. Zum Anrichten die Salatblätter waschen und trocknen. Radieschen putzen, waschen und in Scheiben schneiden. Salatblätter auf Tellern anrichten, leicht salzen und pfeffern und das Zitronen-Senf-Sabayon darüber träufeln. Die Radieschenscheiben auf den Salat streuen, die Backhendlstücke darauf setzen und mit Schnittlauch bestreuen.

» Für die Semmelbrösel verwendet man am besten so genanntes Mie de pain. Das sind entrindete frische Toastbrotscheiben, die in der Moulinette zu Bröseln zerkleinert werden. «

Meeresfrüchtesalat mit rotem Pesto

Für das Pesto:
½ weiße Zwiebel
80–100 ml Olivenöl
½ mittelscharfe Chilischote
50 g eingelegte getrocknete Tomaten
1 TL gehackter Knoblauch
1 TL Zitronensaft
Salz · Pfeffer aus der Mühle

Für den Fenchel:
2 Fenchelknollen
2 EL Olivenöl
1 EL Zitronensaft
Salz · Pfeffer aus der Mühle

Für die Meeresfrüchte:
500 g Miesmuscheln · Salz
2 mittelgroße Tintenfischtuben
Pfeffer aus der Mühle
3 EL Olivenöl
8 Riesengarnelen
1 ungeschälte Knoblauchzehe
4 Jakobsmuscheln (ausgelöstes Muskelfleisch)
frische Kräuter zum Garnieren (z. B. Basilikum oder Dill)

Für 4 Personen

1 Für das rote Pesto die Zwiebel schälen und in kleine Würfel schneiden. Zwiebelwürfel in einer Pfanne bei mittlerer Hitze mit etwas Olivenöl glasig dünsten und abkühlen lassen. Die Chilischote halbieren, entkernen und in Streifen schneiden. Die Tomaten in grobe Stücke hacken und mit Zwiebeln, Chilistreifen, Knoblauch, Zitronensaft und dem restlichen Olivenöl im Mixer zu einer Paste pürieren. Mit Salz und Pfeffer abschmecken.

2 Für den Fenchel die Fenchelknollen putzen, waschen und mit einem Hobel der Länge nach in hauchdünne Scheiben schneiden. In einer dünnen Schicht auf Tellern anrichten und mit Olivenöl und Zitronensaft beträufeln. Mit Salz und Pfeffer würzen.

3 Für die Meeresfrüchte die Muscheln gründlich waschen, geöffnete Exemplare aussortieren. In einem Topf etwas Salzwasser erhitzen, die Muscheln hineingeben und zugedeckt dämpfen, bis sie sich öffnen. In einem Sieb abtropfen lassen, das Muschelfleisch aus den Schalen lösen, einige Muscheln in der Schale für die Garnitur aufbewahren. Geschlossene Muscheln aussortieren.

4 Die Tintenfischtuben waschen, trockentupfen und in 3 cm große Stücke schneiden. Mit Salz und Pfeffer würzen und in einer Pfanne in 1 EL Olivenöl anbraten. Die Garnelen schälen, den Darm entfernen, waschen und trockentupfen. Mit Salz und Pfeffer würzen und in einer Pfanne in 1 EL Olivenöl mit der ungeschälten Knoblauchzehe auf beiden Seiten anbraten. Die Jakobsmuscheln quer halbieren, mit Salz und Pfeffer würzen und in einer Pfanne in 1 EL Olivenöl von beiden Seiten anbraten.

5 Zum Anrichten die Meeresfrüchte auf dem Fenchelsalat verteilen. Jeweils etwas rotes Pesto auf den Fenchel und die Meeresfrüchte geben und mit den Kräutern garnieren.

» Das übrige Pesto hält sich etwa 1 Woche im Kühlschrank und kann auch gut für Nudelgerichte verwendet werden. «

Bratkartoffelsalat mit schwarzem Trüffel

Für den Salat:
800 g kleine Kartoffeln (z. B. Sieglinde)
Salz
1 mittelgroße rote Zwiebel
100 g Zuckerschoten
2 EL Öl
Pfeffer aus der Mühle
je 1 Prise Majoran und ganzer Kümmel
4 Kaninchenrückenfilets
1 ungeschälte Knoblauchzehe
1 Rosmarinzweig

Für das Dressing:
100 ml Kalbssauce (siehe S. 55)
1 EL Balsamicoessig
20 g braune Butter (siehe S. 122)
2 EL Öl
Salz · Pfeffer aus der Mühle
schwarzer Trüffel (geputzt; 1–2 g pro Person)

Für 4 Personen · Foto rechts

1 Für den Salat die Kartoffeln in Salzwasser kochen, abkühlen lassen und mit der Schale der Länge nach vierteln. Die Zwiebel schälen, halbieren und in dünne Scheiben schneiden. Die Zuckerschoten putzen, in Salzwasser bissfest blanchieren, in Eiswasser abschrecken, abtropfen lassen und schräg halbieren.

2 Die Kartoffelviertel in einer Pfanne mit 1 EL Öl bei mittlerer Hitze anbraten. Mit Salz und Pfeffer würzen. Die Zwiebelscheiben dazugeben und kurz mitdünsten. Die Zuckerschoten zum Schluss hinzufügen und die Bratkartoffeln mit Majoran und Kümmel würzen.

3 Die Kaninchenfilets mit Salz und Pfeffer würzen und mit 1 EL Öl bei milder Hitze 2 bis 3 Minuten braten. Die Knoblauchzehe und den Rosmarinzweig dazugeben. Die Pfanne vom Herd ziehen und die Filets kurz ruhen lassen.

4 Für das Dressing die Kalbssauce erhitzen und vom Herd nehmen. Mit Balsamicoessig, brauner Butter und Öl verrühren und mit Salz und Pfeffer abschmecken.

5 Zum Anrichten den Bratkartoffelsalat auf Teller verteilen. Die Kaninchenfilets schräg in Scheiben schneiden und auf den Kartoffelsalat setzen. Den Kartoffelsalat und die Kaninchenfilets mit dem Dressing großzügig beträufeln. Zum Schluss den Trüffel mit einem Trüffelhobel über den Salat hobeln.

» Für einen intensiveren Trüffelgeschmack kann am Ende noch etwas Trüffelöl (tropfenweise dosieren!) in das Dressing gegeben werden. Trüffelöl behält sein intensives Aroma, wenn man es im Gefrierfach aufbewahrt. Bei Bedarf die Flasche kurz unter heißes Wasser halten und die benötigte Menge entnehmen. «

Warmer Spargelsalat mit Morcheln

Für den Salat:

je 500 g weißer und grüner Spargel
150 g frische Morcheln
(ersatzweise Pfifferlinge)
1/4 l Gemüsebrühe
1 TL Puderzucker
2 EL Zitronensaft
2 EL Öl
Salz
1 Prise Cayennepfeffer
1 EL frische Petersilie (grob gehackt)
1 EL Olivenöl
2 EL halbtrockener Sherry

Für 4 Personen

1. Spargel schälen, grünen Spargel nur im unteren Drittel, untere Enden entfernen, Schalen beiseite legen. Stangen längs halbieren und schräg in 3 cm lange Stücke schneiden. Morcheln putzen und längs halbieren.

2. Für die Vinaigrette die Brühe aufkochen lassen, Spargelschalen und -reste hineingeben und 20 Minuten knapp unter dem Siedepunkt darin ziehen lassen. In ein Sieb abgießen und den Sud auffangen.

3. Puderzucker in einer Pfanne bei schwacher Hitze karamellisieren lassen, Spargelstücke hineingeben und etwas andünsten. Nach und nach mit 1/8 l Spargelsud ablöschen und den Spargel bei kleiner Hitze in 5 bis 7 Minuten bissfest garen. Vom Herd nehmen, mit Zitronensaft, Öl, Salz und Cayennepfeffer würzen und mit der Petersilie bestreuen.

4. Die Morcheln in einer Pfanne bei milder Hitze im Olivenöl dünsten, mit Sherry ablöschen und kurz darin ziehen lassen. Zum Servieren den Spargelsalat auf eine Platte geben und die Morcheln darauf verteilen.

Gemüsepfanne mit gedörrten Früchten und Speck

Für die Gewürzmischung:
1 EL Pimentkörner
1 EL schwarze Pfefferkörner
1 EL Szechuanpfeffer
1 EL kleine getrocknete Chilischoten
1 EL Korianderkörner

Für die Gemüsepfanne:
10 g getrocknete Mu-Err-Pilze
200 g Perlzwiebeln
100 g Mini-Maiskolben
100 g Mini-Möhren
2 Stangen Staudensellerie
3 EL Öl · 1 EL Puderzucker
50 ml Weißwein
100 ml Gemüsebrühe
100 g Rettich · 100 g Zuckerschoten
Salz · 2 Knoblauchzehen
1 Lorbeerblatt · 1 Thymianzweig
2 Scheiben frischer Ingwer
je 1 Streifen unbehandelte Orangen- und Zitronenschale
50 g entsteinte, getrocknete Aprikosen
50 g entsteinte, getrocknete Datteln
100 g kleine Pfifferlinge
50 g süß-sauer eingelegter Kürbis
50 g Kidney-Bohnen (aus der Dose)
30 g Butter · Öl zum Anbraten
100 g Speckscheiben

Für 4 Personen

1 Für die Gewürzmischung Pimentkörner, Pfefferkörner, Szechuanpfeffer, Chilischoten und Korianderkörner in eine Mühle füllen.

2 Für die Gemüsepfanne die Mu-Err-Pilze 10 Minuten in etwas Wasser köcheln und in einem Sieb abtropfen lassen. Die Perlzwiebeln schälen, die Maiskolben halbieren, die Möhren schälen und halbieren, die Selleriestangen putzen, waschen und schräg in 2 cm breite Stücke schneiden.

3 Die Zwiebeln in einem breiten Topf bei mittlerer Hitze in 2 EL Öl andünsten und mit Puderzucker leicht bestäuben. Die Maiskolben, die Möhren und den Sellerie dazugeben und 5 Minuten mitdünsten. Mit Weißwein und Brühe ablöschen.

4 Den Rettich schälen, halbieren und in 5 mm dicke Scheiben schneiden. Die Zuckerschoten putzen und mit den Rettichscheiben kurz in Salzwasser blanchieren, abschrecken, abtropfen lassen und zu der Gemüsepfanne geben. Den Knoblauch schälen und halbieren. Den Lorbeer, den Thymian, die Ingwerscheiben, den Knoblauch und die Zitrusschalen hinzufügen. Die Aprikosen und die Datteln halbieren, mit den Mu-Err-Pilzen zum Gemüse geben und das Gemüse weitere 10 Minuten schmoren lassen.

5 Die Pfifferlinge putzen und bei milder Hitze in einer Pfanne kurz im restlichen Öl anbraten.

6 Den eingelegten Kürbis und die Kidney-Bohnen zur Gemüsepfanne geben und alles durchschwenken. Den Lorbeer, den Ingwer, die Zitrusschalen, den Thymian und den Knoblauch wieder entfernen. Die Butter zur Gemüsepfanne hinzufügen und darin schmelzen lassen. Das Ganze großzügig mit der Gewürzmischung aus der Mühle und etwas Salz würzen.

7 Etwas Öl in eine Pfanne geben und die Speckscheiben darin kross braten. Zum Schluss die Speckscheiben mit den Pfifferlingen auf die Gemüsepfanne geben.

Gemüsepizza mit Blätterteig

Für den Boden:
400 g Blätterteig (tiefgekühlt)
Mehl für die Arbeitsfläche
1 Eigelb · 3 EL Sahne
Mohn und Sesamsamen oder Kürbiskerne zum Bestreuen

Für die Sauce:
1 Zwiebel
400 g geschälte Tomaten (aus der Dose)
1 EL Olivenöl · 1 TL Zucker
1 gehackte Knoblauchzehe
Salz · Pfeffer aus der Mühle
1 Prise Oregano
1 Prise Cayennepfeffer

Für den Belag:
500 g Wurzelspinat · Salz
1 Fenchelknolle · 1 EL Olivenöl
1 gelber Zucchino
150 g Cocktailtomaten
200 g eingelegte Artischockenherzen (aus dem Glas)
50 g entsteinte schwarze Oliven
200 g Mozzarella

Zum Anrichten:
8 Scampi · 1 EL Olivenöl
Salz · Pfeffer aus der Mühle

Für 1 großes Backblech

1. Die Blätterteigplatten nebeneinander auslegen und auftauen lassen. Auf einer bemehlten Arbeitsfläche zu einem Rechteck in der Größe eines Backblechs ausrollen und mit einer Gabel mehrmals einstechen. Auf ein Backblech mit Backpapier setzen, Eigelb und Sahne verrühren und die Ränder damit gut 2 cm breit bestreichen. Mit Mohn und Sesamsamen oder mit Kürbiskernen bestreuen und kühl stellen.

2. Für die Tomatensauce die Zwiebel schälen und in kleine Würfel schneiden. Die Tomaten klein schneiden. Zwiebelwürfel im Olivenöl mit dem Zucker in einem Topf glasig dünsten. Den Knoblauch und die Tomaten dazugeben. Mit Salz, Pfeffer, Oregano und Cayennepfeffer würzen und etwa 15 Minuten köcheln. Etwas abkühlen lassen.

3. Für den Belag den Spinat putzen und gründlich waschen. In Salzwasser blanchieren, mit kaltem Wasser abschrecken, in einem Sieb abtropfen lassen und mit den Händen etwas ausdrücken. Den Fenchel putzen, der Länge nach in sehr dünne Scheiben schneiden und in einer Pfanne im Olivenöl kurz anbraten. Den gelben Zucchino waschen, die Enden abschneiden, Zucchino der Länge nach halbieren und in schräge Scheiben schneiden. Die Cocktailtomaten waschen und halbieren. Die Artischockenherzen abtropfen lassen und halbieren. Die Oliven halbieren und den Mozzarella in dünne Scheiben schneiden.

4. Den Backofen auf 220 °C vorheizen. Die Tomatensauce dünn auf den Blätterteig streichen. Das Gemüse darauf verteilen und mit den Oliven und dem Mozzarella garnieren. Die Gemüsepizza im vorgeheizten Ofen auf der unteren Schiene etwa 20 Minuten goldbraun backen.

5. Zum Anrichten die Scampi in einer Pfanne bei milder Hitze im Öl anbraten, salzen und pfeffern und auf die gebackene Pizza setzen.

» Die Gemüsepizza können Sie je nach Geschmack statt mit Scampi auch mit gebratenen Pilzen, Parmaschinken oder marinierten Rucolablättern servieren. «

Gemüseterrine

Für die Einlage:
je 3 große rote und gelbe Paprikaschoten
Olivenöl
Salz · Pfeffer aus der Mühle
9 mittelgroße, reife Tomaten
1–2 TL Puderzucker
3 Knoblauchzehen (in Scheiben)
1 TL Rosmarinnadeln
3 Auberginen
2 mittelgroße Zucchini

Für das Gelee:
½ TL schwarze Pfefferkörner
½ TL Pimentkörner
3 Zacken Sternanis
½ TL Korianderkörner
1 Prise ganzer Kümmel
1 Zwiebel
1 Möhre
10 reife Tomaten
1 EL Olivenöl
700 ml Gemüsebrühe
1 Scheibe frischer Ingwer
½ kleines Lorbeerblatt
½ geschälte Knoblauchzehe
Salz
1 Prise Cayennepfeffer
etwas frisch geriebene Muskatnuss
8 Blatt Gelatine
Öl für die Form

Für 1 Terrinenform von 28 cm Länge und 1 ½ l Inhalt

1 Den Backofengrill vorheizen. Paprikaschoten waschen, halbieren und entkernen. Mit der Haut nach oben auf ein Blech legen, mit Olivenöl bestreichen und auf der mittleren Schiene unter dem Grill so lange garen, bis die Haut Blasen wirft. Etwas abkühlen lassen, die Haut abziehen, Paprika trockentupfen. Leicht salzen und pfeffern.

2 Backofen auf 100 °C vorheizen. Die Stielansätze der Tomaten herausschneiden und Tomaten überbrühen, in Eiswasser abschrecken, häuten, vierteln und entkernen. Ein Backblech mit Olivenöl bestreichen, Tomaten darauf setzen, mit Salz, Puderzucker, Knoblauch und Rosmarin bestreuen. Mit Olivenöl beträufeln und im Ofen 1 bis 2 Stunden trocknen bzw. kandieren lassen. Tomaten auf Küchenpapier trocknen.

3 Auberginen und Zucchini putzen, waschen, trockentupfen und längs in dünne Scheiben schneiden. Die Auberginen mit Salz bestreuen, 20 Minuten ziehen lassen und trockentupfen. Auberginen und Zucchini in einer Pfanne ohne Öl von beiden Seiten anbraten. Die Auberginen nur noch pfeffern, die Zucchini salzen und pfeffern.

4 Für das Gelee Gewürze ohne Fett 2 Minuten bei milder Hitze rösten. Zwiebel und Möhre schälen. Tomaten waschen, Stielansätze entfernen, Tomaten vierteln und entkernen. Gemüse klein schneiden. Möhre und Zwiebel in Öl glasig dünsten, Tomaten hinzufügen, etwas mitdünsten lassen und die Brühe angießen. Einmal aufkochen, Ingwer, Lorbeer, Knoblauch und Gewürze dazugeben, 30 Minuten ziehen lassen.

5 Sud durch ein Sieb gießen, mit Salz, Cayennepfeffer und Muskatnuss abschmecken. Knoblauch aus dem Sieb nochmals einige Minuten im Sud ziehen lassen, anschließend entfernen. Gelatine in kaltem Wasser einweichen, ausdrücken und in ½ l warmem Gewürzsud auflösen. Bei Zimmertemperatur abkühlen, aber nicht stocken lassen.

6 Terrinenform mit Öl einpinseln und mit Frischhaltefolie auslegen. Mit den Auberginen (vorher durch den Sud ziehen!) quer auslegen, sodass auf jeder Seite noch 3 bis 4 cm überlappen. Boden mit Sud bedecken, darauf abwechselnd Paprika, Tomaten, Auberginen und Zucchini einschichten und zwischen jede Lage etwas Gelee geben. Alle Gemüse sollten dabei möglichst frei von Öl sein, damit das Gelee stabil bleibt. Überhängende Auberginen über der Terrine zusammenfalten, die Terrine mit Frischhaltefolie bedecken und 1 Tag in den Kühlschrank stellen. Die Terrine mithilfe der Folie stürzen, in Scheiben schneiden.

Kichererbsenpflanzerl auf Tomatencarpaccio

Für die Pflanzerl:
250 g getrocknete Kichererbsen
1 Zwiebel
Öl zum Braten
1 Knoblauchzehe
1 TL scharfer Senf · 1 Ei
1 EL frische Petersilie (grob gehackt)
Salz · Pfeffer aus der Mühle
etwas frisch geriebene Muskatnuss
etwas Kreuzkümmel aus der Mühle

Für das Carpaccio:
500 g feste, reife Tomaten
Salz · Pfeffer aus der Mühle
je 1 EL Balsamico- und Rotweinessig
4 EL Gemüsebrühe
2 EL Olivenöl
1 geschälte Knoblauchzehe
Piment aus der Mühle
1 Prise Zucker · 2 Schalotten

Für 4 Personen

1. Für die Pflanzerl die Kichererbsen 1 Tag in reichlich kaltem Wasser einweichen. Dann die Kichererbsen in ein Sieb abgießen, etwas abtropfen lassen und durch den Fleischwolf drehen oder in einem leistungsstarken Mixer pürieren.

2. Die Zwiebel schälen und in kleine Würfel schneiden. In einer Pfanne bei milder Hitze in 1 EL Öl glasig dünsten. Die Knoblauchzehe schälen und klein hacken. Zwiebeln, Knoblauch, Senf, Ei und Petersilie in den Kichererbsenbrei geben und gut vermengen. Mit Salz, Pfeffer, 1 Prise Muskatnuss und etwas frisch gemahlenem Kreuzkümmel würzen.

3. Mit feuchten Händen aus dem Brei kleine Pflanzerl formen. Bei milder Hitze auf beiden Seiten in Öl goldbraun braten und auf Küchenpapier abtropfen lassen.

4. Für das Carpaccio die Tomaten waschen, Stielansätze herausschneiden und die Tomaten in dünne Scheiben schneiden. Auf flachen Tellern überlappend anrichten. Mit Salz und Pfeffer leicht würzen.

5. Beide Essigsorten mit Brühe und Öl verrühren, die Knoblauchzehe dazugeben. Mit Salz, Pfeffer, Piment und Zucker würzen. Die Schalotten schälen, in kleine Würfel schneiden und unter das Dressing rühren. Die Knoblauchzehe entfernen.

6. Das Tomatencarpaccio gleichmäßig mit dem Dressing beträufeln und kurz ziehen lassen. Dann das Carpaccio mit den Kichererbsenpflanzerln belegt servieren.

Gemüseeintopf mit Steinpilzen

Für den Gemüseeintopf:
2 mittelgroße Kartoffeln
1 Möhre · 1 Zwiebel
200 g Kürbisfleisch
1 dünne Stange Lauch
120 g Kidney-Bohnen (aus der Dose)
120 g Zucchini
2 Stangen Staudensellerie
3/4 l Gemüsebrühe
1 Prise getrocknetes Bohnenkraut
1 Streifen unbehandelte Zitronenschale
1 kleines Lorbeerblatt
1/2 TL gehackter frischer Ingwer
1/2 gehackte Knoblauchzehe
1 Prise Cayennepfeffer · Salz
50 g Butter

Für die Pilze:
150 g Steinpilze · 1 EL Öl
Salz · Pfeffer aus der Mühle

Zum Anrichten:
1 EL frische Petersilie (grob gehackt)

Für 4 Personen

1 Für den Eintopf die Kartoffeln, die Möhre, die Zwiebel und den Kürbis schälen und in etwa 1 1/2 cm große Stücke schneiden. Den Lauch putzen, der Länge nach halbieren, gründlich waschen, abtropfen lassen und in 1 cm breite Streifen schneiden.

2 Die Bohnen auf ein Sieb geben, waschen und abtropfen lassen. Von den Zucchini die Stielansätze entfernen, Zucchini der Länge nach halbieren und in nicht zu dicke Scheiben schneiden. Staudensellerie putzen, waschen und schräg in 5 mm breite Scheiben schneiden.

3 Die Gemüsebrühe mit den Kartoffeln, der Möhre, der Zwiebel, dem Kürbis und dem Sellerie in einen Topf geben, aufkochen und knapp unter dem Siedepunkt etwa 25 Minuten garen. Nach 20 Minuten Lauch, Zucchini und die Bohnen dazugeben, mit Bohnenkraut würzen, die Zitronenschale mit dem Lorbeerblatt hineingeben und noch 5 Minuten ziehen lassen.

4 Den Sud vorsichtig abgießen und auffangen. Ingwer und Knoblauch hinzufügen, mit Cayennepfeffer und Salz würzen und die Butter untermischen. Den Sud zum Gemüse zurückgießen, dabei die Zitronenschale mit dem Lorbeerblatt entfernen.

5 Für die Pilze die Steinpilze putzen und in Scheiben schneiden. In einer Pfanne bei mittlerer Hitze im Öl anbraten, mit Salz und Pfeffer würzen.

6 Zum Anrichten die Steinpilze in Suppenteller verteilen. Den Eintopf darüber geben und mit der Petersilie bestreuen.

» Statt der Steinpilze passen auch Pfifferlinge oder Champignons in den Gemüseeintopf. Die Pilze auf jeden Fall nicht mit Wasser waschen, sondern nur mit einem kleinen Messer und einem feuchten Küchentuch säubern. «

Fisch
&
Meeres-
früchte

Wissenswertes zu Fisch

EINKAUF

Frische ist das Wichtigste beim Fischkauf. Erkennbar ist sie an unbeschädigten, glänzenden Schuppen, klaren Augen und leuchtend roten Kiemen. Zudem muss sich das Fleisch fest und elastisch anfühlen und angenehm riechen. Im Allgemeinen halten sich ausgenommene, ganze, frische Fische länger als die einzelnen Filets.
Man rechnet etwa 400 g ganzen Fisch oder 150 g Fischfilet pro Person für ein Hauptgericht.

LAGERUNG

Fisch möglichst kühl lagern, am besten bei 0 bis 1 °C. Dazu den Fisch gut in Frischhaltefolie einwickeln und in einer großen Form oder auf einem großen Teller auf Crash-Eis legen. Auf alle Fälle muss frischer Fisch schnell verarbeitet werden. Tiefgekühlten Fisch über Nacht im Kühlschrank auftauen lassen.

VERARBEITUNG

■ Fische vorbereiten

Ganze Fische mit Schuppen zunächst entschuppen. Wird der Fisch nicht im Ganzen gegart, muss er filetiert und entgrätet werden. Die Filets kurz unter fließendem Wasser waschen, trockentupfen und bis zur weiteren Verarbeitung kühl stellen.

Mein Tipp:

»Frisch gefangener Fisch sollte eine Nacht ruhen, damit sich das Muskelfleisch entspannen kann.«

■ Filets mit Haut braten

Wird der Fisch gebraten, die Filets salzen und pfeffern und nicht säuern. Filets in einer Pfanne bei mittlerer Hitze in wenig Öl auf der Hautseite kross anbraten, wenden, die Pfanne vom Herd ziehen und die Fischfilets glasig durchziehen lassen. Die Fischhaut schmeckt kross am besten und schützt zugleich das zarte Fischfleisch.

■ Filets ohne Haut braten

Fischfilets ohne Haut werden auf beiden Seiten bei milder Hitze insgesamt 5 Minuten sanft gebraten. Nach dem Braten kann man den Fisch mit etwas Zitronensaft und Olivenöl beträufeln.

■ Fisch beizen

Zum Beizen eignen sich geschmacksintensive, festfleischige Fische, wie z. B. Lachs. Zum Marinieren kann man auch zartere Fische, wie z. B. Saibling, verwenden. Obwohl Beizen und Marinieren Konservierungsmethoden sind, sollte der Fisch immer bis zum Anrichten zugedeckt im Kühlschrank aufbewahrt werden.

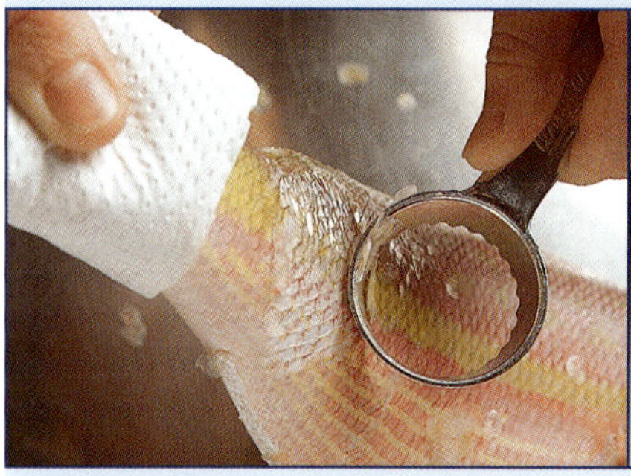

Schuppen mit einem Schuppenmesser zum Kopf hin abschaben.

Fisch oder Fischfilets mit Küchenpapier gründlich trockentupfen.

Rohe Fischfilets nicht säuern, sondern nur salzen und pfeffern.

Grundrezepte

Marinierter Bratsaibling

Zutaten für 4 Personen:

Für die Marinade:

3 Zwiebeln · 1 EL Öl
je 400 ml Essig und Brühe
1 EL Senfkörner · Salz · 1 Prise Zucker
1 geschälte Knoblauchzehe
1 Streifen unbehandelte Zitronenschale · 2 Lorbeerblätter
½ TL Wacholderbeeren · 1 Chilischote
1 Scheibe frischer Ingwer

Für den Fisch:

4 Saiblingfilets (gehäutet, entgrätet)
4 EL doppelgriffiges Mehl · 1 EL Öl

Zubereitung:

1 Zwiebeln schälen, in dünne Ringe schneiden und im Topf bei mittlerer Hitze im Öl andünsten.
2 Mit Essig und Brühe aufgießen. Senfkörner, Salz, Zucker, Knoblauch, Zitronenschale, Lorbeerblätter, Wacholder, Chilischote und Ingwer dazugeben.
3 Die Marinade aufkochen und 10 Minuten ziehen lassen.
4 Saiblingfilets salzen, die Hautseite im Mehl wenden, leicht abklopfen und in einer Pfanne bei mittlerer Hitze 1 bis 2 Minuten im Öl anbraten.
5 Filets nebeneinander mit der Haut nach oben in eine große Form legen. Mit der heißen Marinade begießen, abkühlen lassen, mit Frischhaltefolie zugedeckt 1 Tag im Kühlschrank marinieren.

Gebeizter Lachs

Zutaten für 800 g Lachs:

Für die Beize:

dünne Schalen von je ½ unbehandelten Orange und Zitrone
200 g Dill
100 g Petersilie
je 1 EL Senf- und Korianderkörner
1 TL Wacholderbeeren (angedrückt)
20 g Salz
1 EL Zucker

Für den Fisch:

800 g Lachsfilet (mit Haut, entgrätet)
2 EL Olivenöl

Zubereitung:

1 Zitronen- und Orangenschale in dünne Stifte schneiden.
2 Den Dill und die Petersilie waschen, trockenschütteln, grob hacken und mit den übrigen Zutaten für die Beize vermischen.
3 Lachsfilet mit der Hautseite nach unten in eine große Form legen, die Salzbeize großzügig darüber verteilen und zum Schluss mit Olivenöl beträufeln.
4 Das marinierte Lachsfilet mit Frischhaltefolie abdecken und über Nacht im Kühlschrank ziehen lassen.
5 Am nächsten Tag das Filet wenden und nochmals über Nacht ziehen lassen.
6 Zum Servieren die Beize entfernen, Lachs trockentupfen und in dünne Scheiben schneiden.

Thunfisch in Olivenöl

Zutaten für 4 Personen:

Für das Olivenöl:

300–400 ml Olivenöl
½ TL Szechuanpfeffer
1 Rosmarinzweig
1 Scheibe frischer Ingwer
1 Lorbeerblatt
je 2 Streifen unbehandelte Zitronen- und Orangenschale
1 halbierte Knoblauchzehe

Für den Fisch:

4 Scheiben Thunfisch (à 150 g)
Salz · Pfeffer aus der Mühle
etwas frisch gepresster Zitronensaft

Zubereitung:

1 Das Olivenöl in einem Topf auf 60 bis 70 °C erhitzen, die Temperatur mit einem Bratenthermometer ermitteln. Den Ofen auf 70 bis 80 °C vorheizen.
2 Szechuanpfeffer, Rosmarin, Ingwer, Lorbeer, Zitrusschalen und Knoblauch zum Öl geben.
3 Die Thunfischscheiben salzen und pfeffern, das erwärmte Öl in eine entsprechend große ofenfeste Form gießen und die Thunfischscheiben nebeneinander hineinlegen.
4 Mit Frischhaltefolie bedecken und im Ofen etwa 30 Minuten schmoren lassen.
5 Thunfisch herausnehmen, abtupfen und mit Zitronensaft und Pfeffer würzen.

Geräucherte Forellensuppe mit Muscheln

Für die Suppe:
4 geräucherte Forellenfilets
1 mittelgroße Möhre
1 Stange Staudensellerie
1/2 dünne Stange Lauch
1/2 l Gemüsebrühe
1 Wacholderbeere
1/2 TL Pfefferkörner
1 kleines Lorbeerblatt
1 Streifen unbehandelte Zitronenschale
Salz · 1 Prise Zucker
1 Prise Cayennepfeffer

Für die Einlage:
4 Champignons
300 g Miesmuscheln · Salz

Zum Anrichten:
etwas frisch geriebene Muskatnuss
1 EL frische Schnittlauchröllchen

Für 4 Personen

1 Für die Suppe die Forellenfilets enthäuten, falls nötig, entgräten und in 3 bis 4 cm große Stücke teilen, die Forellenhäute aufheben. Die Möhre schälen. Den Staudensellerie putzen, waschen und wie die Möhre in dünne Scheiben schneiden. Den Lauch putzen und waschen, das Grün entfernen und das Helle quer in dünne Streifen schneiden.

2 In einem kleinen Topf die Brühe aufkochen und das Gemüse darin bissfest blanchieren. In ein Sieb abgießen, den Sud aufheben und das Gemüse beiseite stellen. Die Forellenhäute im Sud mit Wacholder, Pfefferkörnern, Lorbeerblatt und Zitronenschale etwa 15 Minuten ziehen lassen. Erneut durch ein Sieb gießen und den Sud mit Salz, Zucker und Cayennepfeffer abschmecken.

3 Für die Einlage die Champignons putzen und in Scheiben schneiden. Die Muscheln gründlich waschen und bürsten, geöffnete Exemplare aussortieren. In einem Topf etwas Salzwasser erhitzen, die Muscheln hineingeben und zugedeckt dämpfen, bis sie sich öffnen. In einem Sieb abtropfen lassen, das Muschelfleisch aus den Schalen lösen, geschlossene Muscheln aussortieren.

4 Zum Anrichten Möhre, Sellerie, Lauch und Champignons mit den Muscheln in die Suppe geben, etwas Muskatnuss in tiefe Teller streuen, die Forellenstücke und die Suppe darüber verteilen. Mit Schnittlauch bestreuen.

Gelierte Bouillabaisse

Für das Gelee:
1 Möhre
1 kleine Zwiebel
½ kleine Stange Lauch
1 Stange Staudensellerie
½ kleine Fenchelknolle
80 g Champignons
2 EL Olivenöl
1 TL Anislikör (z. B. Pernod)
4 EL Weißwein
¾ l Gemüsebrühe
einige Safranfäden
1 halbierte Knoblauchzehe
1 kleines Lorbeerblatt
1 Thymianzweig
Salz
1 Prise Cayennepfeffer
9 Blatt Gelatine

Für die Einlage:
400 g gemischte Fischfilets (z. B. Rotbarbe, Dorade, Knurrhahn oder Meeräsche)
300 g Miesmuscheln
Salz

Zum Fertigstellen:
3 EL Olivenöl

Für 4 Personen

1 Für das Gelee die Möhre und die Zwiebel schälen, den Lauch, die Selleriestange und den Fenchel gründlich waschen und putzen. Die Champignons putzen und alles klein schneiden.

2 In einem Topf das Olivenöl erhitzen und Fenchel, Sellerie, Möhre und Zwiebel darin glasig dünsten, etwas später Champignons und Lauch hinzufügen. Mit Anis und Weißwein ablöschen, mit der Gemüsebrühe aufgießen und das Gemüse darin in etwa 20 Minuten knapp unter dem Siedepunkt bissfest garen. Die Safranfäden mit der halbierten Knoblauchzehe, dem Lorbeerblatt und dem Thymianzweig hinzufügen und kurz darin ziehen lassen. Knoblauch, Lorbeerblatt und Thymian wieder entfernen, die Suppe mit Salz und Cayennepfeffer abschmecken.

3 Die Gelatine in kaltem Wasser einweichen, ausdrücken, in der heißen Suppe auflösen. Die Suppe im Kühlschrank abkühlen lassen, bis sie fast geliert, dabei gelegentlich umrühren.

4 Für die Einlage die Fischfilets in mundgerechte Würfel schneiden. In einem Topf etwas Wasser aufkochen lassen, gut salzen, vom Herd nehmen und die Fischwürfel darin in 3 Minuten glasig durchziehen lassen. Mit einer Schaumkelle herausnehmen und auf einem Tablett abkühlen lassen.

5 Die Muscheln gründlich waschen und bürsten, geöffnete Exemplare aussortieren. In einem Topf etwas Salzwasser erhitzen, die Muscheln hineingeben und zugedeckt dämpfen, bis sie sich öffnen. In einem Sieb abtropfen lassen, das Muschelfleisch aus den Schalen lösen, geschlossene Muscheln aussortieren.

6 Zum Fertigstellen die Fischstücke und das Muschelfleisch in Suppenteller geben und die Geleesuppe darüber verteilen. Die gelierte Bouillabaisse im Kühlschrank in mehreren Stunden fest werden lassen und zum Servieren mit Olivenöl beträufeln.

Seeteufel mit Kümmel und kandierten Tomaten auf Lauchgemüse

Für die Tomaten:
6 reife Tomaten
½ Knoblauchzehe
1 Rosmarinzweig
½ TL Puderzucker
1 EL Olivenöl

Für das Lauchgemüse:
2 Stangen Lauch
1 EL Olivenöl
Salz · Pfeffer aus der Mühle
4 EL Gemüsebrühe
30 g Butter
1 EL grob gezupfte Petersilienblätter

Für den Fisch:
500 g Seeteufelfilet (küchenfertig)
Salz · Pfeffer aus der Mühle
1 EL ganzer Kümmel
1 EL Olivenöl

Für 4 Personen

1 Für die kandierten Tomaten die Stielansätze der Tomaten herausschneiden. Die Tomaten überbrühen, in Eiswasser abschrecken, häuten, vierteln, entkernen und auf ein Backblech legen. Den Backofen auf 100 °C vorheizen. Die Knoblauchzehe schälen und in Scheiben schneiden, den Rosmarin grob hacken. Die Tomatenfilets mit dem Puderzucker bestäuben, Knoblauch und Rosmarin darüber verteilen und alles mit Olivenöl beträufeln. Im vorgeheizten Ofen etwa 1 bis 2 Stunden trocknen bzw. kandieren lassen.

2 Für das Lauchgemüse den Lauch putzen, das Grün entfernen, die Stangen der Länge nach halbieren, gründlich waschen und in 1 cm breite Streifen schneiden. In einer Pfanne im Öl glasig dünsten, salzen, pfeffern und mit der Brühe aufgießen. Den Lauch darin in wenigen Minuten bissfest garen, die Tomaten hinzufügen und die Butter darin schmelzen lassen. Etwas nachwürzen und zum Schluss mit der Petersilie bestreuen.

3 Für den Fisch die Seeteufelfilets in 2 cm dicke Medaillons schneiden, mit Salz und Pfeffer würzen und mit Kümmel bestreuen. Eine Pfanne bei mittlerer Hitze erwärmen, das Öl hineingeben und die Fischstücke darin von beiden Seiten in 4 bis 5 Minuten braten.

4 Das Lauchgemüse mit den kandierten Tomaten auf warmen Tellern verteilen und die Seeteufelmedaillons darauf anrichten.

» Den Kümmel am besten bei 130 °C etwa 20 Minuten im Backofen trocknen. Dabei entwickelt er einen feineren Geschmack. «

Saibling im Salzteig mit Basilikumöl

Für den Salzteig:
1,8 kg Mehl · 900 g feines Salz
7 EL Olivenöl · 6 Eier
Mehl zum Ausrollen

Für den Fisch:
4 Saiblinge
Salz · Pfeffer aus der Mühle
4 Scheiben frischer Ingwer
2 halbierte Knoblauchzehen
4 Thymianzweige
4 kurze Streifen unbehandelte Zitronenschale · Fett für das Blech
2 Eigelb · 3 EL Sahne

Für das Basilikumöl:
8 EL Olivenöl · 1 EL Zitronensaft
8 frische Basilikumblätter
Salz · Pfeffer aus der Mühle

Für 4 Personen · Foto rechts

1. Für den Salzteig Mehl, Salz, 3/4 l Wasser, Olivenöl und Eier zu einem glatten Teig verkneten und auf einer bemehlten Arbeitsfläche etwa 1 cm dick ausrollen. Den Backofen auf 220 °C vorheizen.
2. Für den Fisch von den Saiblingen die Kiemen entfernen, die Fische gründlich waschen und abtrocknen. Innen und außen salzen und pfeffern. In die Bauchhöhlen je 1 Ingwerscheibe, 1/2 Knoblauchzehe, 1 Thymianzweig und 1 Zitronenschale legen. Die Fische nacheinander einzeln in den ausgerollten Salzteig wickeln, die Enden dabei gut andrücken. Die Saiblinge im Salzteig mit der Nahtseite nach unten auf ein leicht geöltes Backblech setzen. Mit dem Restteig können die Fische verziert werden. Zum Bestreichen das Eigelb mit der Sahne verrühren und die Oberfläche der Salzteigfische damit einpinseln. Im vorgeheizten Backofen knapp 20 Minuten backen.
3. Für das Basilikumöl die Basilikumblätter in Streifen schneiden und mit Olivenöl, Zitronensaft, Salz und Pfeffer verrühren.
4. Zum Anrichten die Teigkruste seitlich aufschneiden, aufklappen und die Fische im Ganzen mit dem Basilikumöl servieren.

Thunfisch-Rettich-Carpaccio

Für das Carpaccio:
400 g weißer Rettich · Salz
300 g Thunfisch (Sushi-Qualität)
etwas Öl für die Folie

Für die Marinade:
5 EL Olivenöl
2 EL Zitronensaft
Salz · Pfeffer aus der Mühle

Zum Anrichten:
1 EL frische Schnittlauchröllchen

Für 4 Personen

1. Für das Carpaccio den Rettich schälen, in dünne Scheiben schneiden, in Salzwasser bissfest blanchieren, auf einem Sieb abtropfen lassen und mit Küchenpapier trocknen. Den Thunfisch trockentupfen und in möglichst dünne Scheiben schneiden. Falls die Scheiben nicht dünn genug sind, zwischen zwei geölten Frischhaltefolien flach klopfen.
2. Für die Marinade das Olivenöl mit dem Zitronensaft verrühren und nach Geschmack mit Salz und Pfeffer würzen.
3. Zum Anrichten große flache Teller mit etwas Marinade bestreichen, Thunfisch und Rettich abwechselnd dachziegelartig darauf anrichten und mit der übrigen Marinade beträufeln. Mit Schnittlauch bestreuen.

Zitronengrasspieße mit Garnelen und Schwertfisch

Für die Spieße:
12 kleinere Riesengarnelen
1 dicke Scheibe Schwertfisch (etwa 300 g)
1 kleiner Zucchino
12 kleine Kirschtomaten
12 Zitronengrasstängel (à 15 cm Länge)
Salz · Pfeffer aus der Mühle
1 EL Olivenöl
etwas Olivenöl und Zitronensaft zum Beträufeln

Für 4 Personen

1. Die Garnelen schälen, den Darm entfernen, Garnelen waschen und abtropfen lassen. Den Schwertfisch in 3 cm große Würfel schneiden. Den Zucchino putzen, waschen und quer in 12 Scheiben schneiden. Die Kirschtomaten waschen und abtropfen lassen.
2. Die Zitronengrasstängel am dünnen Ende etwas zuspitzen. Je 1 Garnele mit 1 Zucchinischeibe, 1 Kirschtomate und 1 Schwertfischwürfel auf die Zitronengrashalme stecken und die Spieße salzen und pfeffern.
3. Die Spieße in einer Pfanne bei mittlerer Hitze im Öl von beiden Seiten knusprig braten und auf vorgewärmten Tellern anrichten.
4. Zum Anrichten die Spieße mit etwas Olivenöl und Zitronensaft beträufeln.

Gegrillte Tintenfische mit schwarzem Pesto

Für das Pesto:
1 Knoblauchzehe
2 eingelegte Sardellenfilets
1 TL eingelegte, abgetropfte Kapern
2 Päckchen Tintenfischtinte (aus dem Fischgeschäft)
1 EL Zitronensaft
8 EL Olivenöl
Pfeffer aus der Mühle

Für den Tintenfisch:
4 große Tintenfische (à etwa 400 g)
Salz · Pfeffer aus der Mühle
1 EL Olivenöl

Zum Anrichten:
1 EL frische Petersilie (grob gehackt)

Für 4 Personen

1 Für das Pesto den Knoblauch schälen, die Sardellen waschen, abtropfen lassen, mit Knoblauch und Kapern fein hacken und in eine Schüssel geben. Die Tinte mit Zitronensaft hineinrühren, anschließend das Olivenöl unterrühren. Das Pesto mit Pfeffer abschmecken.

2 Für den Tintenfisch Kopf und Arme der Tintenfische mit den Eingeweiden aus dem Körperbeutel ziehen, durchsichtiges Fischbein auslösen. Die Arme vom Kopf trennen, waschen und grob zerkleinern, den Rest bis auf die Körperbeutel wegwerfen. Körperbeutel innen und außen waschen, dabei die braunviolette Haut abziehen. Mit einem Küchenpapier gut trockentupfen, salzen und pfeffern.

3 Eine Grillpfanne bei mittlerer Temperatur erhitzen, Olivenöl hineingeben, die Tintenfischtuben zusammen mit den Armen darin einige Minuten rundherum braten. Oder auf dem Holzkohlengrill braten.

4 Die Tintenfische mit den Tintenfischarmen auf warmen Tellern anrichten, mit dem schwarzen Pesto beträufeln und mit Petersilie bestreuen. Mit frischem Weißbrot als Vorspeise servieren.

Rote-Bete-Salat mit Matjes

Für den Matjes:
4 Matjes-Doppelfilets (entgrätet)

Für den Salat:
1 mittelgroße Rote Bete · Salz
1 Apfel · 2 Lauchzwiebeln
2 kleine Gewürzgurken
1–2 EL Zitronensaft · 1 EL Olivenöl
je 1 Prise Cayennepfeffer und gemahlener Kreuzkümmel
1 EL frische Petersilie (grob gehackt)
frisch geriebener Meerrettich

Für 4 Personen

1 Die Matjesfilets in 2 cm große Stücke schneiden.

2 Für den Salat die Rote Bete waschen, Blätter abschneiden, die Knolle dabei aber nicht verletzen. In Salzwasser in 1 Stunde weich kochen. Mit einem Tuch schälen und in 1 cm große Würfel schneiden. Apfel schälen, vierteln, entkernen und in kleine Würfel schneiden. Lauchzwiebeln putzen, mit den Gurken in 5 mm breite Scheiben schneiden.

3 Rote-Bete-Würfel mit Apfel, Lauchzwiebeln und Gurken mischen. Zitronensaft und Olivenöl verrühren. Zum Salat geben und mit Salz, Cayennepfeffer und Kreuzkümmel würzen. Matjesstücke locker unter den Salat mischen und zum Schluss mit gehackter Petersilie und frischem Meerrettich bestreuen.

Krebssülze im weißen Tomatenmantel

Für den Sülzenstand:
6 Blatt Gelatine
400 ml Gemüsebrühe
1 kleines Lorbeerblatt
½ TL Pfefferkörner
1 Streifen unbehandelte Zitronenschale
1 Scheibe frischer Ingwer
1 geschälte Knoblauchzehe
Salz und Zucker zum Abschmecken
1 EL Weißweinessig

Für den Sülzenkern mit Krebs:
60 g Möhre
60 g Zucchini
Salz
200 g eingelegtes Krebsfleisch (aus der Lake)
Öl für die Formen

Für die Tomatenmousse:
550 g reife Tomaten
150 ml Gemüsebrühe
150 g Sahne
6 Blatt Gelatine
Salz
1 Prise Cayennepfeffer

Dazu braucht man 1 Terrinenform von 25 cm Länge und 1 l Inhalt sowie 1 halbrunde Terrinenform von 25 cm Länge und ½ l Inhalt

1 Für den Sülzenstand die Gelatine in kaltem Wasser einweichen. Die Brühe erhitzen, Lorbeer, Pfeffer, Zitronenschale, Ingwer und Knoblauchzehe einlegen, aufkochen, 15 Minuten ziehen lassen und den Sud durch ein Sieb gießen. Die ausgedrückte Gelatine in 300 ml Sud auflösen, mit Salz, Zucker und Essig kräftig abschmecken. Bei Zimmertemperatur abkühlen lassen, nicht in den Kühlschrank stellen, da sonst die Sülze gelieren würde.

2 Für den Sülzenkern Möhre schälen, Zucchini waschen und beides in möglichst kleine Würfel schneiden. In Salzwasser nacheinander blanchieren, in Eiswasser abschrecken, in einem Sieb abtropfen lassen und mit Küchenpapier gut trockentupfen. Das Krebsfleisch abtropfen lassen, trockentupfen, mit Gemüsewürfeln und 300 ml Sülze mischen.

3 Die kleine Terrinenform mit Öl einpinseln, mit Frischhaltefolie auslegen und die Krebssülze einfüllen. Im Kühlschrank einige Stunden oder am besten über Nacht fest werden lassen, anschließend mithilfe der Frischhaltefolie stürzen.

4 Für die Mousse die Tomaten waschen, die Stielansätze entfernen, die Tomaten entkernen, klein schneiden und mit der Gemüsebrühe im Mixer pürieren. Das Tomatenpüree in ein festes Tuch binden, über Nacht im Kühlschrank abtropfen lassen, den Tomatenfond auffangen.

5 Die Sahne halbfest schlagen. Die Gelatine in kaltem Wasser einweichen, gut ausdrücken, 300 ml Tomatenfond erwärmen und die Gelatine darin auflösen. In eine Schüssel geben und auf Eiswasser kräftig schlagen, bis eine weiße, dickschaumige Masse entsteht. Aus dem Eiswasser nehmen und die geschlagene Sahne unterziehen. Mit Salz und Cayennepfeffer abschmecken.

6 Zum Fertigstellen die große Terrinenform ebenfalls mit Öl einpinseln, mit Frischhaltefolie auslegen und bis zu einem Viertel mit Tomatenmousse füllen. Glatt streichen und im Kühlschrank fest werden lassen. Übrige Mousse bei Zimmertemperatur aufbewahren, damit sie bis zum weiteren Gebrauch nicht fest wird.

7 Gestürzte Krebssülze mit der Rundung nach unten auf die Mousse in die größere Form legen. Mit der übrigen Tomatenmousse auffüllen und im Kühlschrank über Nacht zugedeckt fest werden lassen. Zum Servieren Sülze mithilfe der Folie stürzen und in Scheiben schneiden.

Gebratener Lachs-Zander-Strudel auf Spinat-Kohlrabi-Salat

Für die Farce:

175 g Lachsfilet (küchenfertig)
Salz · Pfeffer aus der Mühle
175 g Sahne
1 TL scharfer Senf
einige Tropfen Zitronensaft
etwas frisch geriebene Muskatnuss
1 TL frisch gehackter Dill

Für den Strudel:

4 Strudelblätter (à 20 x 20 cm)
flüssige Butter zum Bestreichen
1 Zitrone · 1 Knoblauchzehe
4 Zanderfilets (à 100 g, ohne Haut)
Salz · Pfeffer aus der Mühle
etwas Öl zum Braten

Für den Salat:

300 g junge Spinatblätter
1 mittelgroßer Kohlrabi
1 reife Avocado
1 Schalotte
½ Knoblauchzehe
100 ml Gemüsebrühe
1 EL Weißweinessig
1 Prise Puderzucker
1 Prise Salz
2 EL Olivenöl
1 TL Walnussöl
Pfeffer aus der Mühle
1 EL eingelegte kleine Kapern

Für 4 Personen

1 Für die Farce das Lachsfilet klein schneiden, salzen und pfeffern. Die Lachsstücke und die Sahne jeweils etwa 15 Minuten in das Tiefkühlfach stellen, bis beides eiskalt und kurz vor dem Gefrierpunkt ist. Die eiskalten Lachsstücke in der Moulinette so lange schlagen, bis der Fisch anfängt zu binden. Den Senf und ein Drittel der eiskalten Sahne zum Fisch geben und ebenfalls gut durchmixen. Die restliche Sahne in zwei Portionen unter die Farce mixen. Die Farce sollte glatt und glänzend sein. Mit etwas Zitronensaft und einem Hauch Muskatnuss abschmecken, falls nötig, etwas nachwürzen. Zum Schluss den gehackten Dill in die Farce rühren.

2 Für den Strudel die Strudelblätter mit flüssiger Butter bestreichen. Knapp die Hälfte der Farce in der Größe der Zanderstücke auf die Strudelblätter streichen. Die Zitrone und den Knoblauch halbieren. Die Zanderfilets salzen, pfeffern, mit den Zitronen- und Knoblauchhälften einreiben. Auf die mit Farce bestrichenen Strudelblätter setzen und mit der restlichen Farce rundherum bedecken. Die Strudelblätter über dem Fisch zusammenklappen, die offenen Enden andrücken und, falls nötig, etwas abschneiden.

3 Den Ofen auf 100 °C vorheizen. Etwas Öl in einer Pfanne bei mittlerer Temperatur erhitzen, die Strudelpäckchen mit der Nahtseite nach unten hineinlegen und darin auf beiden Seiten goldbraun braten. Auf Küchenpapier abtropfen lassen. Die Strudel auf ein Backblech legen und im Ofen etwa 5 bis 7 Minuten ziehen lassen.

4 Für den Salat den Spinat putzen, gründlich waschen und abtropfen lassen. Den Kohlrabi schälen, das holzige Ende entfernen und den Kohlrabi vierteln. Die Avocado schälen und halbieren, den Stein herausschneiden. Die Schalotte schälen und in kleine Würfel schneiden.

5 Für das Salatdressing eine Salatschüssel mit der halben Knoblauchzehe ausreiben. Schalottenwürfel, Brühe, Essig, Puderzucker, Salz, Olivenöl und Walnussöl in der Salatschüssel gut miteinander vermischen und mit Pfeffer würzen. Die Spinatblätter in die Schüssel geben. Den Kohlrabi mit einem feinen Hobel in Scheiben raspeln und die Avocado in Würfel oder Scheiben schneiden. Mit den abgetropften Kapern unter den Spinat heben. Den Salat auf Tellern anrichten und mit dem Strudel servieren.

Renke auf Tomaten-Olivenöl-Dressing

Für das Dressing:
1 Schalotte · 5 reife Tomaten
1 EL Rotweinessig · 3 EL Olivenöl
Salz · Pfeffer aus der Mühle
1 Prise Zucker
½ TL frisch gehackter Estragon

Für den Fisch:
1 TL Wacholderbeeren
1 TL Korianderkörner
1 EL schwarze Pfefferkörner
1 TL getrocknete Chilischoten
1 TL Pimentkörner
8 Renkenfilets (mit Haut)
Salz · 2 EL Olivenöl

Für 4 Personen

1 Für das Dressing Schalotte schälen und in kleine Würfel schneiden. Tomaten waschen, die Stielansätze entfernen, die Tomaten vierteln, im Mixer pürieren und durch ein Sieb streichen. Das Tomatenpüree mit Schalotten, Essig und Olivenöl verrühren und mit Salz, Pfeffer und Zucker abschmecken. Zum Schluss den Estragon hineinrühren.

2 Für den Fisch Wacholderbeeren, Koriander- und Pfefferkörner, Chilischote und Pimentkörner in eine Gewürzmühle füllen. Die Renkenfilets waschen, trockentupfen, halbieren, salzen und aus der Gewürzmühle würzen. In einer Pfanne bei mittlerer Hitze im Olivenöl auf der Hautseite kross anbraten, den Fisch wenden, die Pfanne vom Herd nehmen und den Fisch darin glasig durchziehen lassen.

3 Zum Anrichten die Renkenfilets auf vorgewärmte Teller setzen und mit dem Tomaten-Olivenöl-Dressing rundherum großzügig beträufeln.

Kabeljau in Brotkruste mit jungem Weißkraut und Pfifferlingen

Für den Fisch:
4 Kabeljaufilets
(à 125 g, küchenfertig)
Salz · Pfeffer aus der Mühle
8 hauchdünne Scheiben
Bauernbrot ohne Kruste · 2 EL Öl

Für Weißkraut und Pfifferlinge:
1 kleiner Kopf junges Weißkraut
1 Prise gemahlener Kümmel
2 EL Öl · 70 ml Gemüsebrühe
Salz · Pfeffer aus der Mühle
2 EL braune Butter (siehe S. 122)
250 g Pfifferlinge · 20 g kalte Butter
1 EL frische Petersilie (grob gehackt)

Für 4 Personen

1 Für den Fisch Kabeljaufilets salzen und pfeffern und auf beiden Seiten mit je 1 Brotscheibe belegen. In der Pfanne bei milder Hitze in 2 EL Öl von beiden Seiten kross braten. Auf Küchenpapier abtropfen lassen.

2 Für das Weißkraut den Krautkopf in einzelne Blätter zerlegen, den Strunk herausschneiden und die Blätter klein schneiden. Mit dem Kümmel in einer Pfanne in 1 EL Öl bei mittlerer Hitze anbraten und mit der Brühe ablöschen. Die Brühe fast einkochen lassen und das Kraut bissfest garen. Mit Salz und Pfeffer würzen und zuletzt die braune Butter hineingeben. Für die Pilze die Pfifferlinge putzen, je nach Größe halbieren oder vierteln und in einer Pfanne in 1 EL Öl 1 bis 2 Minuten anbraten. Mit Salz und Pfeffer würzen und die Petersilie dazugeben. Die Butter hinzufügen und darin schmelzen lassen.

3 Zum Anrichten das Kraut auf vorgewärmte Teller verteilen, den Kabeljau auf das Kraut setzen und die Pfifferlinge rundherum verteilen.

Lachsforelle im Nudelblatt mit Spinat und Senfsauce

Für das Nudelblatt:
125 g Mehl · 50 g Hartweizengrieß
1 Ei · 1 Eigelb
1 EL Olivenöl · Salz
Mehl zum Ausrollen
Öl für das Blech
100 ml Gemüsebrühe · 10 g Butter

Für den Spinat:
500 g Wurzelspinat · Salz
50 ml Gemüsebrühe · 10 g Butter
Pfeffer aus der Mühle
etwas frisch geriebene Muskatnuss

Für den Fisch:
4 Lachsforellenfilets
(ohne Haut und Gräten)
Salz · Pfeffer aus der Mühle
etwas Olivenöl

Für die Sauce:
100 ml Brühe · 80 g Sahne
1–2 TL scharfer Senf · Salz
1 Prise Cayennepfeffer
20 g kalte Butter

Für 4 Personen

1 Für das Nudelblatt Mehl, Grieß, Ei, Eigelb, Olivenöl, 1 Prise Salz und 1 EL kaltes Wasser zu einem festen, glatten Teig verkneten, den Teig in Frischhaltefolie wickeln und 30 Minuten ruhen lassen. Mit einem Nudelholz oder mithilfe einer Nudelmaschine dünn ausrollen, dabei etwas mit Mehl bestäuben. 12 Nudelblätter von 7 x 7 cm Seitenlänge ausschneiden und in Salzwasser bissfest garen. Auf einem geölten Blech bis zum weiteren Gebrauch aufbewahren. Kurz vor dem Anrichten in Brühe und Butter erhitzen.

2 Für den Spinat die Spinatblätter von den Stielen zupfen, waschen und in Salzwasser blanchieren. In kaltem Wasser abschrecken, abtropfen lassen und mit den Händen gut ausdrücken. Zum Anrichten in Brühe und Butter erhitzen und mit Salz, Pfeffer und Muskatnuss abschmecken.

3 Für die Lachsforelle den Ofen auf 80 bis 90 °C vorheizen. Forellenfilets salzen, pfeffern und nebeneinander auf einen geölten Teller oder in eine geölte Auflaufform legen. Mit Frischhaltefolie nicht zu straff bespannen und im vorgeheizten Ofen in gut 20 Minuten glasig durchziehen lassen.

4 Für die Sauce die Brühe aufkochen, Sahne und Senf hinzufügen und mit dem Pürierstab aufschäumen. Mit Salz, Cayennepfeffer und noch etwas Senf herzhaft abschmecken und zum Schluss die kalte Butter darin schmelzen lassen.

5 Zum Anrichten 4 Nudelblätter auf 4 tiefe, warme Teller setzen, den Spinat darüber verteilen, jeweils 1 weiteres Nudelblatt darauf legen, je 1 Lachsforellenfilet anrichten und mit den übrigen Nudelblättern bedecken. Die Senfsauce darüber verteilen.

» Verwendet man für dieses Rezept junge Spinatblätter, brauchen diese nicht blanchiert zu werden. Den Spinat nach dem Waschen direkt in einer Pfanne bei mittlerer Hitze in etwas Öl und mit 1 Scheibe Knoblauch anbraten. Mit Salz, Pfeffer, Muskatnuss und brauner Butter abschmecken und sofort weiterverarbeiten. «

Waller in der Senfkruste mit Wirsing-Birnen-Gemüse

Für die Gratiniermasse:
125 g weiche Butter
60 g frisch geriebene Semmelbrösel oder Mie de pain (siehe S. 21)
1 EL gehackter Rosmarin
1 EL frische Petersilie (grob gehackt)
1 TL frisch geriebener Parmesan
1 gehackte kleine Knoblauchzehe
Salz · Pfeffer aus der Mühle

Für den Fisch:
500 g Wallerfilet (küchenfertig)
Salz · Pfeffer aus der Mühle
Olivenöl zum Anbraten und für die Form
3 EL scharfer Senf

Für das Gemüse:
½ Wirsingkopf · Salz
2 Schalotten · 1 EL Öl
1 Birne · 100 g Sahne
1–2 EL Sahnemeerrettich
1 Prise Cayennepfeffer
etwas frisch geriebene Muskatnuss

Für 4 Personen · Foto rechts

1 Für die Gratiniermasse die Butter schaumig rühren, Semmelbrösel, Rosmarin, Petersilie, Parmesan und Knoblauch darunter mischen. Mit Salz und Pfeffer würzen und die Gratiniermasse mithilfe von Pergamentpapier zu einer 3 cm dicken Rolle formen, kalt stellen.

2 Für den Fisch den Backofengrill vorheizen. Das Wallerfilet in dünne Scheiben schneiden, salzen und pfeffern und in einer Pfanne bei mittlerer Hitze von beiden Seiten leicht in etwas Öl anbraten. Die Filets in eine ofenfeste, gefettete Form legen und mit Senf bestreichen. Die Butterrolle in dünne Scheiben schneiden und dachziegelartig auf die Senfschicht legen. Die Wallerfilets unter dem Grill auf der mittleren Schiene goldbraun gratinieren.

3 Für das Gemüse den Wirsing putzen, die Blätter ablösen, den harten Strunk entfernen und die Blätter in kochendem Salzwasser einige Minuten blanchieren. In kaltem Wasser abschrecken und gut abtropfen lassen, bei Bedarf noch mit den Händen ausdrücken. Die Blätter übereinander legen und in etwa 3 cm große Stücke schneiden.

4 Die Schalotten schälen, halbieren und in dünne Stifte schneiden. Bei mittlerer Hitze im Öl glasig dünsten und den Wirsing hinzufügen.

5 Die Birne schälen, vierteln und das Kerngehäuse entfernen. Die Birne in Würfel schneiden und zum Wirsing geben. Alles gut miteinander vermischen und mit der Sahne aufgießen, kurz ziehen lassen und mit Meerrettich, Cayennepfeffer, Muskatnuss und Salz abschmecken.

6 Den gratinierten Waller mit dem Gemüse auf vorgewärmten Tellern anrichten.

» Die Gratiniermasse kann gut in Frischhaltefolie verpackt bis zu 1 Monat eingefroren werden. Wenn man die Gratiniermasse statt mit Rosmarin mit Thymian zubereitet, passt sie zu rosa gebratenem Lammfilet. «

Rotbarbe mit Kartoffel-Zitronen-Püree

Für das Püree:
500 g Kartoffeln · Salz
1/8 l Milch
abgeriebene Schale von
1/2 unbehandelten Zitrone
3 EL Olivenöl
1 Prise Cayennepfeffer
etwas frisch geriebene Muskatnuss

Für den Fisch:
8 Rotbarbenfilets
(mit Haut, entgrätet)
Salz · Pfeffer aus der Mühle
2 EL Öl
Olivenöl zum Beträufeln

Für 4 Personen

1 Für das Püree die Kartoffeln waschen, schälen, in Salzwasser weich kochen und auf ein Sieb gießen. Noch heiß durch eine Kartoffelpresse drücken. Die Milch aufkochen und mit der geriebenen Zitronenschale unter den Kartoffelschnee rühren. Anschließend das Olivenöl in einem dünnen Strahl hineingeben und langsam unterrühren, das Püree mit Salz, Cayennepfeffer und Muskatnuss würzen. Warm halten.

2 Für den Fisch die Rotbarbenfilets auf beiden Seiten mit Salz und Pfeffer würzen. Auf der Hautseite in einer Pfanne bei milder Hitze im Öl etwa 2 Minuten anbraten, wenden, die Pfanne vom Herd nehmen und den Fisch darin gar durchziehen lassen. Auf Küchenpapier abtropfen lassen.

3 Zum Anrichten das Kartoffelpüree auf vorgewärmte tiefe Teller verteilen, die Rotbarbenfilets darauf legen und mit etwas Olivenöl beträufeln.

Schwein & Rind

Wissenswertes zu Schwein

EINKAUF

Schweinefleisch sollte man am besten frisch kaufen und möglichst schnell verarbeiten. Im Gegensatz zu Rindfleisch muss das Schweinefleisch nicht abhängen, da es 2 Tage nach der Schlachtung verzehrfertig ist.

■ Einkaufskriterien

Achten Sie beim Einkauf von Schweinefleisch vor allem auf eine schöne rosa Farbe, die auf eine gute Qualität des Fleisches hinweist. Außerdem darf Schweinefleisch nicht zu feucht wirken. Seine Konsistenz sollte feinfaserig und zugleich – je nach Fleischstück – gut durchwachsen sein. Am Fleisch anhaftender Speck sieht normalerweise weiß und fest aus.

LAGERUNG

■ Kühlen

Teilstücke vom Schwein kann man gut verpackt im Kühlschrank bei 0 bis 4 °C maximal 4 Tage lagern. Hackfleisch oder Geschnetzeltes aus hygienischen Gründen am besten sofort am Tag des Einkaufs verbrauchen.

■ Einfrieren

Schweinefleisch kann eingefroren werden. Aufgrund seines etwas höheren Anteils an ungesättigten Fettsäuren ist es allerdings nicht so lange haltbar wie z. B. Rindfleisch. Schweinefleisch sollte daher höchstens 6 Monate eingefroren bleiben, da die Gefahr besteht, dass das Fett nach dem Auftauen ranzig schmeckt.

Mein Tipp:

»Beim Krustenbraten 20 Minuten vor Garzeitende die Hitze erhöhen und für eine schöne Kruste, falls nötig, die Grillfunktion dazuschalten.«

VERARBEITUNG

■ Schweineschnitzel

Für Schweineschnitzel sollte – wie auch beim Kalbsschnitzel – das Fleisch quer zur Faser geschnitten werden. Da das Schnitzel aus der Oberschale einen sehr niedrigen Fettanteil von 3 Prozent aufweist, darf es nur schonend und kurz gebraten werden, damit es nicht zu trocken wird.

■ Schweinefilet

Schweinefilet ist besonders zart und saftig. Es kann im Ganzen oder in 2 bis 3 cm dicke Scheiben (Medaillons) geschnitten sanft bei mittlerer Temperatur gebraten werden. Um das magere Fleisch vor dem Austrocknen zu schützen, kann man es vor dem Braten mit ein paar Scheiben gut durchwachsenem Speck umwickeln. Das gibt zudem Geschmack an das Fleisch ab.

Mögliche Zubereitungsarten für Teilstücke vom Schwein

Kurzbraten	Schmoren	Gulasch	Grillen	als Braten	für Schnitzel
Nackensteaks Hüfte Nuss Stielkotelett Filet Lende	Halsgrat, flache Schulter	Schulter	Schweinenacken Schweinebauch geteilte Rippen (als Spareribs)	Brustspitze Nuss Oberschale Schulter Rücken	Rücken Ober- und Unterschale

Wissenswertes zu Rind

EINKAUF

Beim Kauf von Rindfleisch darauf achten, dass das Fleisch eine klare rote Farbe besitzt und von feinen weißen Fettäderchen durchzogen, d. h. marmoriert, ist. Die Qualität von Rindfleisch ist abhängig von Alter, Rasse und Fütterung des Tieres. Viele Länder haben ihre speziellen Zuchtrassen für ein besonders geschmacksintensives Fleisch. Rindfleisch sollte vor der Verarbeitung 2 bis 3 Wochen reifen.

■ Teilstücke vom Rind

Die zartesten Fleischstücke beim Rind sind das von den Rippen geschützte Filet, die Lende und die Hüfte. Stücke aus Körperteilen, die viel bewegt werden, wie z. B. Schultern oder Keulen, eignen sich zum Schmoren oder Kochen.

■ Kalbfleisch

Kalbfleisch sollte eine hellere Farbe und eine feinere Faserung als Rindfleisch besitzen und ebenfalls von einer leichten Marmorierung durchzogen sein. Kalbfleisch wird kürzer abgehangen als Rindfleisch, in der Regel reift es etwa 2 Wochen.

■ Milchkalb

Unter Milchkalb versteht man ein Kalb von 3 bis 6 Monaten, das ausschließlich mit Milch, vorzugsweise Vollmilch, aufgezogen wurde. Dieses Fleisch wird besonders geschätzt.

LAGERUNG

■ Kühlen

Sowohl Rindfleisch als auch Kalbfleisch kann man gut mit Pergamentpapier umwickelt, idealerweise vakuumverpackt, im Fleischfach des Kühlschranks bei 2 bis 4 °C mehrere Tage aufbewahren. Eingefrorenes Fleisch sollte am besten über Nacht im Kühlschrank auftauen.

Mein Tipp:

»Beachten Sie, dass Rindfleisch im Kühlschrank weiterreift, beim Einfrieren wird der Reifeprozess jedoch unterbrochen.«

VERARBEITUNG

Da Kalbfleisch magerer ist als Rindfleisch, muss es besonders schonend bei milder Hitze gebraten werden. Es eignet sich gut zum Schmoren bei niedrigen Temperaturen oder als Ragout verarbeitet.

■ Kalbsschnitzel

Für Schnitzel verwendet man die Nuss oder Oberschale. Wie beim Schwein wird das Fleisch dabei sehr dünn quer zur Faser geschnitten und anschließend geklopft. Dadurch wird das Kalbfleisch mürber. Legt man das Fleisch dazu zwischen zwei Lagen geölter Frischhaltefolie, werden die Fasern geschützt.

Mögliche Zubereitungsarten für Teilstücke vom Rind

Kurzbraten	Schmoren	Kochen	für Gulasch	für Hackfleisch	für Rouladen
Filet (sehr zart) Rippe mit oder ohne Knochen Hüfte Lende	Fleischteile aus der Keule oder Schulter Querrippe	Keule Hesse Brust Tafelspitz Schulter Nacken	Wade, runde oder dicke Schulter	Schulter Nacken	Ober- und Unterschale

Grundrezepte

Schweinemedaillons mit Speck

Zutaten für 4 Personen:

8 Schweinemedaillons (à 80 g)
8 dünne Scheiben gut durchwachsener Speck
Salz · Pfeffer aus der Mühle
1–2 EL Öl

Zubereitung:

1 Jedes Schweinemedaillon mit einer Speckscheibe umwickeln, den Speck mit Zahnstochern feststecken und das Fleisch salzen und pfeffern. Den Ofen auf 100 °C vorheizen.
2 Die Medaillons in der Pfanne bei mittlerer Hitze im Öl von beiden Seiten 1 bis 2 Minuten anbraten.
3 Das Fleisch aus der Pfanne nehmen und auf ein Ofengitter legen. Das Gitter auf ein Backblech stellen und das Fleisch im vorgeheizten Ofen 10 bis 15 Minuten rosa garen. Mit Salz und Pfeffer nachwürzen.

» Der Speck schützt das zarte Filet und gibt zusätzlich einen kräftigen Geschmack an das Fleisch ab. «

Halsgrat vom Schwein

Zutaten für 4 Personen:

2 Rosmarinzweige · 2 Chilischoten
2 Scheiben frischer Ingwer
1 ungeschälte Knoblauchzehe
¼–½ l Olivenöl
4 Scheiben Halsgrat (à 150 g)
Salz · Pfeffer aus der Mühle
1 EL Öl

Zubereitung:

1 Für die Marinade Rosmarin, Chilis, Ingwer und Knoblauch mit dem Olivenöl vermischen.
2 Die Halsgratscheiben nebeneinander in eine entsprechend große Form legen und mit der Marinade begießen. Mindestens 2 Stunden marinieren lassen.
3 Den Ofen auf 100 °C vorheizen. Das Fleisch aus der Marinade nehmen, abtupfen, salzen und pfeffern und in einer Pfanne bei mittlerer Hitze im Öl von beiden Seiten anbräunen.
4 Das Fleisch aus der Pfanne nehmen und auf ein Ofengitter legen. Das Gitter auf ein Backblech stellen und das Fleisch im vorgeheizten Ofen in 10 bis 15 Minuten fertig garen. Mit Salz und Pfeffer nachwürzen.

» Dünnere Scheiben vom Halsgrat können auch in der Pfanne bei mittlerer Hitze von beiden Seiten kross gebraten werden. «

Schweinefilet mit Speck

Zutaten für 4 Personen:

600 g Schweinefilet (küchenfertig)
4–6 dünne Scheiben gut durchwachsener Speck
Salz · Pfeffer aus der Mühle

Zubereitung:

1 Schweinefilet über Kreuz mit den Speckscheiben umwickeln, falls nötig, mit Zahnstochern feststecken, das Fleisch salzen und pfeffern. Den Backofen auf 100 °C vorheizen.
2 Das Schweinefilet in einer großen Pfanne bei mittlerer Hitze ohne Fett rundherum braun anbraten.
3 Aus der Pfanne nehmen und auf ein Ofengitter legen. Das Gitter auf ein Backblech stellen und das Fleisch im vorgeheizten Ofen 20 bis 25 Minuten rosa garen. Mit Salz und Pfeffer nachwürzen.

» Gart man Fleisch im Ofen, empfiehlt es sich, einen Kochlöffel in die Ofentür zu stecken, damit der Dampf entweichen kann und das Fleisch nicht dämpft, sondern in trockener Hitze gart. «

Schweinebraten

Zutaten für 4 Personen:
1,5 kg Schweinebraten
(aus der flachen Schulter;
mit Schwarte, ohne Knochen)
Salz · Pfeffer aus der Mühle
1 TL ganzer Kümmel
3 EL Öl
2 große Zwiebeln
2 Möhren
200 g Knollensellerie
350 ml Geflügelbrühe
1 ungeschälte Knoblauchzehe
1 frischer Rosmarinzweig
1 Prise Majoran
50 g flüssige Butter
1 EL brauner Zucker

Zubereitung:

1 Die Schwarte des Schweinebratens in Rauten einschneiden. Das Fleisch salzen, pfeffern und mit Kümmel bestreuen. Den Ofen auf 140 °C vorheizen.
2 Im Bräter zuerst auf der Fettseite im Öl anbraten, die Schwarte sollte dabei eine schöne goldbraune Farbe annehmen. Anschließend den Braten wenden und die restlichen Seiten bei milder Hitze anbraten.
3 Das Gemüse schälen und in grobe Stücke schneiden, zum Fleisch geben und etwas mitschmoren lassen.
4 Mit der Brühe aufgießen und mit der Schwarte nach oben im vorgeheizten Ofen etwa 2 Stunden schmoren.
5 20 Minuten vor Garzeitende Knoblauch, Rosmarin und Majoran zum Gemüse geben und zum Schluss die Oberhitze (200 °C) dazuschalten.
6 Die Butter mit dem braunen Zucker verrühren und damit die Schwarte einpinseln. Den Braten nochmals in den Ofen schieben und braten, bis er eine schöne Kruste hat.

»Anstelle des braunen Zuckers kann man auch Honig verwenden. Falls während des Schmorens zu viel Flüssigkeit verdampft, noch etwas Brühe nachgießen.«

Kalbssauce

Zutaten für etwa 700 ml:
1,5 kg Kalbsknochen
1 Zwiebel · 1 Möhre
150 g Knollensellerie
1 TL Puderzucker
1 TL Tomatenmark
300 ml Rotwein
2,5 l Geflügelbrühe
1 Lorbeerblatt
2 ungeschälte Knoblauchzehen
1 TL schwarze Pfefferkörner

Zubereitung:

1 Ofen auf 200 °C vorheizen. Die Knochen klein hacken und auf einem Blech im vorgeheizten Ofen in 30 Minuten bräunen.
2 Gemüse schälen und in etwa 2 cm große Würfel schneiden.
3 Puderzucker in einem Topf bei mittlerer Hitze karamellisieren, die Knochen dazugeben. Das Tomatenmark hinzufügen, etwas mitrösten lassen und mit einem Drittel des Rotweins ablöschen. Sirupartig reduzieren, erneut mit etwas Rotwein ablöschen, wieder reduzieren. Vorgang noch einmal wiederholen.
4 Gemüse hinzufügen, die Geflügelbrühe dazugießen und das Ganze mindestens 1 Stunde kaum merklich köcheln lassen.
5 Nach 45 Minuten Gewürze hineingeben. Sauce durch ein feinmaschiges Sieb gießen und um ein Drittel reduzieren lassen.

Gefüllte Kalbsbrust

Zutaten für 4 Personen:
2 Semmeln (Brötchen) vom Vortag
150 ml Milch · 2 Eier
Salz · Pfeffer aus der Mühle
1 Prise frisch geriebene Muskatnuss
1 kleine Zwiebel · 80 g Butter
½ Bund frische Petersilie (grob gehackt) · 1,5 kg Milchkalbsbrust
2 EL Öl · 200 g Knollensellerie
2 Möhren · 200 g Zwiebelwürfel
¼ l Weißwein · 1 EL brauner Zucker
1 TL fein gehacktes Zitronengras
1 TL fein gehackte Schale einer unbehandelten Zitrone

Zubereitung:
1 Semmeln in Würfel schneiden. Milch kurz aufkochen, vom Herd nehmen. Eier verrühren, in die Milch geben, mit Salz, Pfeffer und Muskatnuss würzen und alles über die Semmeln gießen. Mit Frischhaltefolie bedeckt 10 Minuten stehen lassen. Zwiebel schälen, in feine Würfel schneiden und in 30 g Butter glasig dünsten. Mit Petersilie zu den Semmeln geben.
2 In die Kalbsbrust vorsichtig eine Tasche schneiden, außen und innen salzen und pfeffern, nicht zu prall mit der Semmelmasse füllen. Die offene Seite mit einem Spieß schließen. Ofen auf 140 °C vorheizen.
3 Kalbsbrust in einem Bräter bei mittlerer Hitze im Öl vorsichtig von allen Seiten anbraten. Sellerie und Möhren schälen, in 2 cm große Stücke schneiden, mit den Zwiebelwürfeln zum Fleisch geben. Weißwein dazugießen und die Kalbsbrust im Ofen 3 bis 3 ½ Stunden schmoren.
4 Restliche Butter vorsichtig schmelzen, vom Herd nehmen, Zucker, Zitronengras und -schale dazugeben. 15 Minuten vor Garzeitende Kalbsbrust mit der Butter bestreichen, wieder in den Ofen schieben, den Grill dazuschalten. Zum Servieren aufschneiden.

Tafelspitz

Zutaten für 4 Personen:
je 400 g Rinderbrust und Tafelspitz
Salz · Pfeffer aus der Mühle
2 EL Öl · 1 große Zwiebel
½ Stange Lauch
100 g Knollensellerie · 1 Möhre
1 Lorbeerblatt · 1 Knoblauchzehe
1 TL Wacholderbeeren
1 mittelscharfe Chilischote
etwas frisch geriebener Meerrettich

Zubereitung:
1 Rinderbrust und Tafelspitz salzen und pfeffern und bei mittlerer Hitze im Öl rundherum anbraten. In einen großen Topf legen, mit Wasser auffüllen, bis das Fleisch gut bedeckt ist, erhitzen und etwa 3 Stunden bei milder Hitze mehr ziehen als köcheln lassen. Aufsteigenden Schaum abschöpfen.
2 Die Zwiebel halbieren und die Schnittflächen in einer Pfanne ohne Fett dunkel bräunen. Den Lauch waschen, Sellerie und Möhre schälen und alles in grobe Stücke schneiden. Das Gemüse und die Gewürze 45 Minuten vor Garzeitende zum Fleisch geben.
3 Zum Anrichten das Fleisch aus der Brühe nehmen, in Scheiben schneiden, mit Brühe und frischem Meerrettich servieren.

Kalbsbraten

Zutaten für 4 Personen:
1 kg Kalbsbraten (aus der Schulter)
Salz · Pfeffer aus der Mühle
2 EL Öl · 1 Zwiebel
1 Möhre · 100 g Knollensellerie
1 EL Tomatenmark
200 ml Rotwein
½ l Brühe (Gemüse oder Rind)
1 TL Wacholderbeeren
1 geschälte Knoblauchzehe
2 Sternanis · 1 TL Pimentkörner
1 cm Zimtrinde · 1 Rosmarinzweig
1 mittelscharfe Chilischote

Zubereitung:
1 Kalbsbraten salzen und pfeffern, im Bräter bei mittlerer Hitze im Öl rundherum anbraten. Das Gemüse schälen und grob in Würfel schneiden. Braten aus dem Bräter nehmen, das Gemüse im restlichen Fett andünsten. Tomatenmark dazugeben, kurz mitrösten und mit Rotwein ablöschen.
2 Das Fleisch auf das Gemüse legen, mit der Brühe aufgießen, aufkochen und zugedeckt bei milder Hitze 1 bis 2 Stunden schmoren lassen. Nach 1 Stunde die Gewürze dazugeben.
3 Fertigen Braten herausnehmen, die Sauce durchsieben, mit Salz und Pfeffer würzen. Zum Servieren das Fleisch aufschneiden und mit der Sauce servieren.

Glasierter Schweinebauch

Für das Fleisch:

2 Zwiebeln · 1 Möhre
100 g Knollensellerie
1,5 kg gepökelter Schweinebauch (mit Schwarte)
Salz · Pfeffer aus der Mühle
2 EL Öl
400 ml Gemüsebrühe
10 Gewürznelken
40 g Butter · 1 EL Honig
1 geschälte, halbierte Knoblauchzehe
1 Scheibe frischer Ingwer
1 Streifen unbehandelte Zitronenschale
1 Prise Majoran
1 Prise Cayennepfeffer

Für das Gemüse:

1 große Fenchelknolle
250 g Perlzwiebeln
1 Apfel
1 EL Puderzucker
250 g geschälte, gekochte Maronen (vakuumverpackt oder aus dem Glas)
Salz · Pfeffer aus der Mühle
100 ml Gemüsebrühe
1 Prise Cayennepfeffer
30 g Butter

Für 4 Personen

1 Für den Schweinebauch das Gemüse schälen und in 1 bis 2 cm große Würfel schneiden. Den Backofen auf 140 °C vorheizen. Die Schwarte über Kreuz einschneiden und das Fleischstück rundherum salzen und pfeffern. In einem Bräter im Öl auf der Schwartenseite anbraten, wenden und auch die Fleischseite kurz anbraten, bis sich die Poren schließen. Das Öl abgießen, Bratensatz mit der Brühe ablöschen und das Gemüse zum Fleisch dazugeben. Das Fleisch im vorgeheizten Ofen etwa 2 1/2 Stunden braten. Den Braten dabei ab und zu mit dem Bratensaft begießen. Nach 30 Minuten Bratzeit die Nelken in die Schnittkreuze der Schwarte stecken.

2 Zum Schluss die Butter mit dem Honig schmelzen lassen, mit Salz und Pfeffer würzen und die Schwarte etwa 10 Minuten vor Bratzeitende mehrmals damit bestreichen und die Honigbutter antrocknen lassen. Dabei, falls nötig, noch den Grill dazuschalten, damit die Schwarte eine schöne Kruste bekommt.

3 Das Fleisch herausnehmen und warm halten. Knoblauch, Ingwer und Zitronenschale in die Sauce geben und den Majoran hineinrühren. Knoblauch, Ingwer und Zitronenschale nach 5 Minuten wieder entfernen. Die Sauce durch ein Sieb passieren und mit Salz und Cayennepfeffer abschmecken.

4 Für das Schmorgemüse den Fenchel putzen, waschen und in dünne Spalten schneiden. Das Fenchelgrün klein schneiden und aufbewahren. Die Perlzwiebeln schälen. Den Apfel schälen, vierteln, das Kerngehäuse entfernen und die Apfelviertel in Spalten schneiden.

5 In einem Topf den Puderzucker karamellisieren lassen, den Topf vom Herd nehmen und Fenchel, Perlzwiebeln und Maronen hineinrühren. Leicht salzen und pfeffern, die Brühe angießen und alles zugedeckt etwa 15 Minuten bissfest garen, bis die Flüssigkeit sirupartig eingekocht ist. Die Apfelspalten hineingeben und in der Sauce erhitzen. Die Sauce mit Salz und Cayennepfeffer abschmecken und die Butter mit dem Fenchelgrün hineingeben.

6 Zum Anrichten den Schweinebauch in Scheiben schneiden und mit der Sauce und dem Schmorgemüse auf warmen Tellern verteilen.

Bayerisches Wurzelfleisch

Für den Sud:
½ l Geflügelbrühe
1 EL Zucker · Salz
3 EL Rotweinessig
½ TL Pimentkörner
½ TL schwarze Pfefferkörner
½ TL Korianderkörner
1 kleines Lorbeerblatt
2 Wacholderbeeren

Für das Fleisch:
500 g Schweinefilet (küchenfertig)
1 EL Öl

Für das Gemüse:
1 Möhre · 1 weiße Zwiebel
100 g Knollensellerie
50 g Lauch · 1 EL Öl
1 geschälte Knoblauchzehe
1 Scheibe frischer Ingwer

Für die Sauce und zum Anrichten:
1 TL Senf · 2 EL Sahnemeerrettich
40 g Butter
frisch geriebene Muskatnuss · Salz
etwas frisch geriebener Meerrettich
1 EL frische Schnittlauchröllchen

Für 4 Personen

1 Für den Sud die Geflügelbrühe in einem Topf einmal aufkochen, mit Zucker, Salz und Essig süß-sauer würzen. Piment-, Pfeffer- und Korianderkörner, Lorbeer sowie leicht angedrückte Wacholderbeeren dazugeben und den Sud anschließend abkühlen lassen.

2 Für das Fleisch das Schweinefilet in einer Pfanne bei mittlerer Hitze im Öl von allen Seiten kurz anbraten und in den Sud legen. 1 Tag darin gekühlt marinieren. Am nächsten Tag das Fleisch aus der Marinade nehmen, die Marinade durch ein Sieb gießen und auffangen.

3 Für das Gemüse Möhre, Zwiebel und Sellerie schälen, den Lauch putzen, waschen und alles in feine Streifen schneiden. Die Gemüsestreifen in einem Topf bei milder Hitze im Öl glasig dünsten, mit der Marinade auffüllen und einmal aufkochen lassen. Das Schweinefilet mit dem Knoblauch und dem Ingwer in den Topf dazugeben und knapp unter dem Siedepunkt 15 bis 20 Minuten saftig durchziehen lassen.

4 Das Fleisch herausnehmen und warm halten, Knoblauch und Ingwer ebenfalls herausnehmen. Den Sud durch ein Sieb gießen, Gemüsestreifen aufheben. Die Hälfte vom Sud mit Senf, Sahnemeerrettich und der Butter aufschlagen. Mit etwas Muskatnuss und, falls nötig, mit Salz würzig abschmecken.

5 Zum Anrichten das Schweinefilet in 1 cm dicke Scheiben schneiden, mit dem Gemüse und etwas Meerrettichsauce in tiefe Teller setzen. Zum Schluss frisch geriebenen Meerrettich und Schnittlauchröllchen auf das Fleisch streuen.

» Wenn man das Bayerische Wurzelfleisch als Hauptgericht serviert, passen sehr gut Salzkartoffeln als Beilage dazu. «

Schweinshaxenvögerl auf asiatische Art

Für das Fleisch:

2 hintere Schweinshaxen (à 1,2 kg)
1 mittelscharfe Chilischote
Salz · Pfeffer aus der Mühle
2 EL Öl
1/4 l Gemüsebrühe
100 ml Ananassaft
3 EL Sojasauce
1 EL Austernsauce
2 EL süß-saure Chilisauce
1 TL gehacktes Zitronengras
1 gehackte große Knoblauchzehe
1 TL gehackter frischer Ingwer
1/2 TL Speisestärke
1 EL Kokosmilch

Für das Gemüse:

1/2 Chinakohl
1 Bund Lauchzwiebeln
1/2 rote Paprikaschote
1 EL Erdnussöl
frisch geriebene Muskatnuss
Salz · Pfeffer aus der Mühle

Für 4 Personen

1 Für das Fleisch die Schwarte von den Schweinshaxen abschneiden, das Fleisch vom Knochen lösen und in die einzelnen Muskelpartien (Vögerl) zerteilen, die Sehnen dabei entfernen. Die Chilischote halbieren, entkernen und in dünne Streifen schneiden. Die Schweinshaxenvögerl mit Salz und Pfeffer würzen und in einem Bräter bei mittlerer Hitze im Öl rundherum anbraten. Den Backofen auf 140 °C vorheizen.

2 Das Fleisch mit der Brühe und dem Ananassaft aufgießen. Sojasauce, Austernsauce, Chilisauce, Zitronengras, Knoblauch, Ingwer und Chilistreifen in die Sauce geben und einmal aufkochen lassen. Die Schweinshaxenvögerl im vorgeheizten Ofen zugedeckt 1 1/2 Stunden schmoren lassen. Den Deckel nach 1 Stunde abnehmen.

3 Für das Gemüse den Chinakohl waschen, halbieren und in dünne Streifen schneiden. Die Lauchzwiebeln putzen, waschen und schräg in 5 mm breite Stücke schneiden. Die Paprikaschote waschen, vierteln, Stielansatz und Kerngehäuse entfernen und die Paprika quer in 5 mm breite Streifen schneiden. Den Chinakohl in einer Pfanne bei mittlerer Hitze im Erdnussöl mit den Frühlingszwiebeln und den Paprikastreifen 2 Minuten anbraten. Mit Muskatnuss, Salz und Pfeffer würzen.

4 Das Fleisch aus dem Bräter nehmen. Die Sauce durch ein Sieb streichen, leicht mit in kaltem Wasser aufgelöster Stärke binden und die Stärke kurz auskochen lassen. Zum Schluss mit Salz, Pfeffer und Kokosmilch abschmecken.

5 Die Schweinshaxenvögerl mit dem Gemüse und der Sauce auf vorgewärmten Tellern anrichten.

» Vögerl heißen im süddeutschen Raum kleine Rouladen. In Österreich werden so auch kleine, ausgelöste Muskelstücke aus der Haxe bezeichnet, wie z. B. hier vom Schwein. «

Schweinelende mit Senf-Honig-Sauce

Für die Sauce:
250 g Crème fraîche
80 g Sahne
1 gehäufter TL Honig
1 EL scharfer Senf
1 EL frisch gehackter Dill
Salz
1 Prise Cayennepfeffer

Für das Fleisch:
700 g Schweinelende (am Stück)
Salz · Pfeffer aus der Mühle
1 ungeschälte Knoblauchzehe
2 EL Öl

Für 4 Personen

1 Für die Sauce die Crème fraîche mit der Sahne in einer Schüssel glatt rühren. Je nach Konsistenz der Crème fraîche die Sahnemenge variieren. Honig, Senf und Dill hinzufügen und die Sauce mit Salz und Cayennepfeffer abschmecken.

2 Für das Fleisch den Ofen auf 120 °C vorheizen. Die Schweinelende mit Salz und Pfeffer würzen und in einer Pfanne mit der Knoblauchzehe bei mittlerer Hitze im Öl rundherum gut anbraten. Das Fleisch aus der Pfanne nehmen, auf ein Ofengitter mit Abtropfblech setzen und im vorgeheizten Ofen etwa 30 Minuten rosa garen. Das Abtropfblech sollte dabei etwas vom Gitter entfernt sein, damit die Hitze um das Fleisch gleichmäßig zirkulieren kann. Einen Holzlöffel in die Ofentür stecken, damit der Dampf abziehen kann und das Fleisch bei trockener Hitze gart. Das Fleisch aus dem Ofen nehmen, in Scheiben schneiden und mit der Senf-Honig-Sauce servieren.

Gefüllte Schweineschnitzel in Käsehülle

Für die Schnitzel:
200 g Champignons
100 g gekochter Schinken · 1 EL Öl
Salz · Pfeffer aus der Mühle
½ TL gehackter Knoblauch
1 EL frische Petersilie (grob gehackt)
600 g Schweinerücken
Öl für die Folie

Für die Käsehülle:
1 Möhre · 80 g Zucchini · 4 Eier
80 g frisch geriebener Parmesan
50 g frisch geriebene Semmelbrösel
oder Mie de pain (siehe S. 21)
Salz · Pfeffer aus der Mühle
Öl zum Ausbacken
50 g doppelgriffiges Mehl

Für 4 Personen

1 Für die Schnitzel die Champignons putzen und klein hacken. Den Schinken in kleine Würfel schneiden. Die Pilze in einer Pfanne bei mittlerer Hitze im Öl anbraten, die Schinkenwürfel dazugeben und mit Salz, Pfeffer, Knoblauch und Petersilie würzen.

2 Den Schweinerücken in etwa 8 mm dünne Scheiben schneiden und zwischen zwei Lagen geölter Frischhaltefolie auf die Hälfte der Dicke klopfen. Die Schnitzel salzen und pfeffern, jeweils 2 TL Füllung in die Mitte setzen und die Schnitzel darüber zusammenklappen.

3 Für die Käsehülle die Möhre schälen, die Zucchini waschen und beides in feine Streifen schneiden. In Salzwasser bissfest kochen, auf einem Sieb abschrecken, abtropfen lassen und mit einem Küchentuch trockentupfen. Die Eier verquirlen, mit Parmesan, Gemüsestreifen und Semmelbröseln mischen, salzen und pfeffern. In einer Pfanne bei milder Hitze 2 cm hoch Öl einfüllen und erhitzen. Die Schnitzel im Mehl wenden, durch die Eiermasse ziehen und sofort in die Pfanne legen. Auf beiden Seiten goldbraun braten und auf Küchenpapier abtropfen lassen. Dazu passt ein frischer Gurkensalat mit Dill.

Schweinekarree mit geschmortem Knoblauchgemüse

Für das Schweinekarree:
1 kg grüne Saubohnen (in der Schote)
Salz
2 Zwiebeln · 400 g Möhren
600 g Kartoffeln
1,5 kg Stielkotelett (am Stück, Knochen freigelegt)
Pfeffer aus der Mühle
2 TL ganzer Kümmel · 3 EL Öl
20 geschälte Knoblauchzehen
¼ l Geflügelbrühe
1 Lorbeerblatt
50 g eingelegte getrocknete Tomaten
1 große, mittelscharfe rote Chilischote
1 Prise Majoran
1 Msp fein gehackte Schale einer unbehandelten Zitrone

Für 4 Personen

1 Die Bohnen aus den Schoten brechen, die Schoten entfernen. Die Bohnenkerne in Salzwasser bissfest blanchieren, in Eiswasser abschrecken und auf einem Sieb abtropfen lassen. Die dicke äußere Haut der Bohnenkerne entfernen. Die Zwiebeln schälen und in 2 cm große Blätter schneiden. Möhren und Kartoffeln schälen, Möhren schräg in dünne Scheiben schneiden, Kartoffeln in Würfel schneiden.

2 Für das Schweinekarree die Schwarte des Stielkoteletts in Rauten einschneiden. Das Stielkotelett salzen, pfeffern, mit Kümmel bestreuen und in einem Bräter im heißen Öl zuerst auf der Schwartenseite anbraten. Die Schwarte sollte dabei eine schöne goldbraune Farbe annehmen. Anschließend wenden und das Fleisch bei milder Hitze von den anderen Seiten anbraten. Den Backofen auf 140 °C vorheizen.

3 Die Zwiebeln, die Möhren und die Knoblauchzehen zum Fleisch geben und etwas mitschmoren lassen. Mit der Brühe aufgießen, das Lorbeerblatt und die Kartoffelwürfel dazugeben. Das Karree mit der Schwarte nach oben im vorgeheizten Ofen etwa 2 Stunden braten.

4 Die Tomaten abtropfen lassen und in Streifen schneiden. Die Chilischote halbieren, entkernen und in feine Streifen schneiden. Tomaten, Bohnen und die Chilistreifen in den letzten 15 Minuten in den Bräter geben. Zum Schluss die Sauce mit Majoran, Zitronenschale und Salz abschmecken.

» Für eine schöne Kruste kurz vor Garzeitende den Grill im Ofen dazuschalten. «

Ausgelöste Kalbshaxen mit Oliven und Salbei

Für die Kalbshaxe:

1 Kalbshaxe (2,5–3 kg)
1 Möhre · 2 Zwiebeln
120 g Knollensellerie
3 reife Tomaten
Salz · Pfeffer aus der Mühle
2 EL Olivenöl
1 EL Tomatenmark
350 ml Weißwein
500 ml Geflügelbrühe
1 ungeschälte Knoblauchzehe
1 Streifen unbehandelte Zitronenschale
1 kleines Lorbeerblatt
1 kleine getrocknete Chilischote
5 frische Salbeiblätter
50 g entsteinte grüne und schwarze Oliven
70 g eingelegte getrocknete Tomaten
30 g kalte Butter

Zum Anrichten:

5 Scheiben gut durchwachsener Speck
1 EL Öl

Für 4 Personen

1 Die Kalbshaxe auslösen und in die einzelnen Muskelpartien zerteilen. Die Möhre, die Zwiebeln und den Sellerie schälen und in kleine Würfel schneiden. Die Tomaten waschen, die Stielansätze entfernen und die Tomaten klein schneiden.

2 Den Ofen auf 140 °C vorheizen. Die Kalbshaxenstücke mit Salz und Pfeffer würzen und in einem Bräter im Olivenöl rundherum anbraten. Das Tomatenmark hineinrühren, mit einem Drittel des Weißweins ablöschen und sirupartig reduzieren lassen. Den Vorgang zweimal wiederholen. Die Gemüsestücke hinzufügen und die Brühe dazugießen. Das Fleisch im vorgeheizten Ofen in etwa 1 ½ Stunden weich schmoren lassen.

3 15 Minuten vor Garzeitende die Knoblauchzehe, die Zitronenschale, das Lorbeerblatt, die Chilischote und die Salbeiblätter dazugeben.

4 Die Oliven halbieren und die getrockneten Tomaten in Streifen schneiden.

5 Das Kalbfleisch aus der Schmorsauce nehmen und beiseite stellen, die Sauce durch ein Sieb passieren. Die Butter hineinrühren und die Sauce mit Salz und Pfeffer abschmecken. Das Fleisch mit den getrockneten Tomaten und den Oliven wieder in die Sauce geben.

6 Den Speck in Streifen schneiden und in einer Pfanne im Öl kross braten. Auf Küchenpapier abtropfen lassen. Das Fleisch mit der Sauce auf vorgewärmte Teller verteilen und mit dem Speck garnieren.

» Um ein sehr zartes Fleisch zu erhalten, müssen die Kalbfleischstücke ganz sanft bei milder Hitze geschmort werden. «

Kalbfleischpflanzerl auf feurigem Kartoffelsalat

Für die Pflanzerl:
2 Semmeln (Brötchen) vom Vortag
150 ml Milch
1 kleine Zwiebel · 3 EL Öl
500 g Kalbshackfleisch · 1 Ei
2 TL mittelscharfer Senf
Salz · Pfeffer aus der Mühle
1 Prise getrockneter Majoran
½ gehackte Knoblauchzehe
1 EL frische Petersilie (grob gehackt)

Für das Tomatenpesto:
½ weiße Zwiebel
80–100 ml Olivenöl
½ mittelscharfe Chilischote
50 g eingelegte getrocknete Tomaten
1 TL gehackter Knoblauch
1 TL Zitronensaft

Für den Salat:
½ kleine Aubergine (etwa 150 g)
2 EL Olivenöl
Salz · Pfeffer aus der Mühle
1 kg Kartoffeln
½ TL ganzer Kümmel
400 ml Gemüsebrühe
2 EL Weißweinessig
1 TL scharfer Senf · 1 Prise Zucker
1 Prise Cayennepfeffer

Für 4 Personen

1. Für die Kalbfleischpflanzerl die Semmeln in der Milch einweichen, gut ausdrücken und klein hacken. Die Zwiebel schälen, in kleine Würfel schneiden und in einer Pfanne in 1 EL Öl glasig dünsten.

2. Das Kalbshackfleisch mit den Semmeln, dem Ei, dem Senf und den Zwiebelwürfeln mischen und mit Salz, Pfeffer, Majoran, Knoblauch und Petersilie würzen.

3. Mit nassen Händen kleine Fleischpflanzerl formen und auf beiden Seiten in einer Pfanne in 2 EL Öl bei milder Hitze hell anbräunen. Auf Küchenpapier abtropfen lassen.

4. Für das Tomatenpesto die Zwiebel schälen und in kleine Würfel schneiden. In einer Pfanne bei mittlerer Hitze in etwas Olivenöl glasig dünsten und abkühlen lassen. Die Chilischote halbieren, entkernen und in Streifen schneiden. Die Tomaten in grobe Stücke hacken und mit Zwiebelwürfeln, Chilistreifen, Knoblauch, Zitronensaft und dem restlichen Olivenöl in einem Mixer zu einer glatten Paste pürieren.

5. Für den Kartoffelsalat die Aubergine in 5 mm große Würfel schneiden und in einer Pfanne bei mittlerer Hitze im Olivenöl kross braten, salzen und pfeffern. Die Kartoffeln gründlich waschen und in Salzwasser mit dem Kümmel weich kochen. Das Wasser abgießen, die Kartoffeln möglichst heiß schälen, in Scheiben schneiden und in eine große Schüssel geben.

6. Die Brühe mit Essig, Senf, Zucker und etwas Salz verrühren, über die warmen Kartoffelscheiben gießen und kurz ziehen lassen. Etwa 3 EL Tomatenpesto und die Auberginenwürfel vorsichtig unter die Kartoffeln mischen, je nach Geschmack mehr oder weniger Tomatenpesto in den Salat geben. Mit Cayennepfeffer abschmecken.

7. Den Kartoffelsalat auf Tellern anrichten und die Kalbfleischpflanzerl daneben setzen.

Rindsrouladen mit getrüffeltem Brät

Für die Rouladen:

150 g Poulardenbrust (ohne Haut)
Salz · Pfeffer aus der Mühle
150 g Sahne
1 EL Walnussöl
etwas frisch geriebene Muskatnuss
40 g eingelegter schwarzer Trüffel (aus der Dose)
100 g gekochter Schinken (in Scheiben)
12 Stangen Mini-Spargel (oder 4 grüne Spargelstangen)
8 dünne Scheiben Rinderlende (à 50–60 g)
Öl für die Folie · 1 EL Olivenöl

Für die Sauce:

1 mittelgroße Zwiebel
120 g Knollensellerie
1 Möhre
1 TL Tomatenmark
150 ml Rotwein
200 ml Geflügelbrühe
1 kleines Lorbeerblatt
½ Knoblauchzehe
1 Scheibe frischer Ingwer
1 dünner Streifen unbehandelte Zitronenschale
1 kleiner Thymianzweig
30 g kalte Butter
einige frische Schnittlauchhalme

Für 4 Personen · Foto rechts

1 Für das Brät das Poulardenfleisch in kleine Würfel schneiden, kräftig salzen und pfeffern und wie die Sahne gut durchkühlen lassen. Die Poulardenwürfel in die Moulinette geben und grob pürieren, bis das Fleisch anfängt zu binden. Die Sahne nach und nach in 3 bis 4 Portionen dazugeben und alles gut durchpürieren. Dabei ist wichtig, dass sich die Sahne jeweils gut mit der Fleischmasse verbindet, bevor die nächste Portion Sahne dazugegeben wird. Zum Schluss das Walnussöl hinzufügen, mit Salz, Pfeffer und etwas Muskatnuss würzen, alles gut durchmixen und kalt stellen.

2 Trüffel und Schinken in etwa 3 mm große Würfel schneiden und in die Farce mischen. Den Spargel in Salzwasser blanchieren, in kaltem Wasser abschrecken, auf einem Sieb abtropfen lassen (große Spargelstangen auf Rouladengröße zuschneiden).

3 Die Rouladen zwischen zwei Lagen geölter Frischhaltefolie mit der flachen Seite eines Schnitzelklopfers dünn klopfen. Mit Salz und Pfeffer würzen, das Brät darauf streichen und je 3 Mini-Spargelstangen (oder eine große Spargelstange) in die Mitte legen. Die Längsseiten der Rouladen etwas einschlagen und das Fleisch von der schmalen Seite her aufrollen, mit Zahnstochern feststecken.

4 Für die Sauce Zwiebel, Sellerie und Möhre schälen und in etwa 5 mm große Würfel schneiden. Die Rouladen in einer Pfanne bei milder Hitze in 1 EL Olivenöl rundherum anbraten und wieder herausnehmen. Das Tomatenmark in die Pfanne geben, etwas anschwitzen, die Gemüsewürfel hinzufügen und mit dem Rotwein ablöschen. Etwas reduzieren lassen, die Brühe dazugießen, das Lorbeerblatt hineinlegen und alles 25 Minuten leise köcheln lassen. Die Rouladen wieder in die Pfanne setzen und zugedeckt bei kleiner Hitze etwa 15 Minuten schmoren lassen. Die letzten 5 Minuten Knoblauch, Ingwer, Zitronenschale und Thymian dazugeben. Zum Schluss die Gewürze wieder aus der Sauce nehmen, die Butter dazugeben und darin schmelzen lassen.

5 Die Rouladen herausnehmen, die Zahnstocher entfernen und zum Servieren je 1 Schnittlauchhalm um eine Roulade binden. Mit der Schmorsauce anrichten.

» Das Poulardenbrät kann durch Kalbsbrät vom Metzger, dem noch etwas flüssige Sahne hinzugefügt wird, ersetzt werden. «

Gekochte Rinderbrust mit Gemüse

Für die Rinderbrust:
800 g Rinderbrust
Salz · Pfeffer aus der Mühle
2 EL Öl
2 Zwiebeln · 150 g Möhren
200 g Knollensellerie
300 g Kartoffeln
1 Lorbeerblatt
1 ungeschälte Knoblauchzehe
1 mittelscharfe Chilischote
1 Rosmarinzweig
20 g Butter (ersatzweise
2 EL Oliven- oder Kürbiskernöl)
Koriander aus der Mühle
1 EL frische Petersilie (grob gehackt)

Für 4 Personen

1. Die Rinderbrust leicht salzen und pfeffern und in einem Topf im Öl rundherum anbraten. Mit Wasser auffüllen, sodass das Fleisch 2 cm bedeckt ist, und 2 Stunden knapp unter dem Siedepunkt ziehen lassen. Falls Trübstoffe aufsteigen, diese mit einem Schaumlöffel abnehmen.

2. Das Gemüse schälen und in 1 ½ cm große Würfel schneiden. 20 Minuten vor Garzeitende zum Fleisch in die Suppe geben und darin weich köcheln. Nach 10 Minuten Lorbeer, Knoblauch, Chili und Rosmarin hineinlegen, zum Schluss wieder entfernen.

3. Das Fleisch herausnehmen und warm stellen. Die Brühe durch ein Sieb gießen, das Gemüse auffangen. ½ l Brühe in einen Topf geben, Butter und Gemüse wieder dazugeben. Den Gemüseeintopf mit Salz und Koriander würzen und in vorgewärmte tiefe Teller verteilen.

4. Die Rinderbrust in Scheiben schneiden, je 1 bis 2 Scheiben auf den Gemüseeintopf legen und mit Petersilie bestreut servieren.

Sellerierostbraten auf Dillbohnen

Für das Fleisch:
4 Scheiben Rinderfilet (à 100 g)
Salz · Pfeffer aus der Mühle
1 EL Öl · Fett für die Form

Für das Selleriepüree:
350 g Knollensellerie
100 g Sahne
50 g braune Butter (siehe S. 122)
Salz · Pfeffer aus der Mühle
etwas frisch geriebene Muskatnuss

Für die Gratiniermasse:
125 g weiche Butter
60 g frisch geriebene Semmelbrösel
oder Mie de pain (siehe S. 21)
1 EL gehackter Rosmarin
1 EL frische Petersilie (grob gehackt)
1 TL frisch geriebener Parmesan
1 gehackte kleine Knoblauchzehe
Salz, Pfeffer aus der Mühle

Für die Dillbohnen:
400 g breite grüne Bohnen · Salz
80 ml Gemüsebrühe · 20 g Butter
Pfeffer aus der Mühle
1 EL frisch gehackter Dill
50 g Speckwürfel · 1 EL Öl

Für 4 Personen · Foto rechts

1 Für das Fleisch die Rinderfiletscheiben mit dem Handballen etwas flach drücken und mit Salz und Pfeffer würzen. Das Öl in einer Pfanne bei mittlerer Temperatur erhitzen und das Fleisch darin auf jeder Seite 1 bis 2 Minuten braten. Die Filets in eine gefettete Auflaufform oder auf ein gefettetes Backblech legen.

2 Für das Selleriepüree den Sellerie schälen und in kleine Würfel schneiden. In einem Topf die Sahne erhitzen, die Selleriestücke hineingeben und in etwa 20 Minuten zugedeckt weich dünsten. Den Sellerie mit dem Stabmixer pürieren, dabei so viel Kochflüssigkeit wie nötig hinzufügen. Die braune Butter unter das Selleriepüree rühren, das Püree mit Salz, Pfeffer und Muskatnuss abschmecken.

3 Für die Gratiniermasse die weiche Butter schaumig rühren, Semmelbrösel, Rosmarin, Petersilie, Parmesan und Knoblauch darunter mischen. Mit Salz und Pfeffer würzen und mithilfe von Pergamentpapier zu einer 3 cm dicken Rolle formen, kalt stellen. Den Backofengrill vorheizen. Je 1 EL Selleriepüree auf die Rindfleischscheiben streichen. Die Kräuterbutter in dünne Scheiben schneiden und das Rindfleisch damit dachziegelartig bedecken. Das Fleisch auf der mittleren Schiene unter dem vorgeheizten Grill goldbraun überbacken.

4 Für die Dillbohnen die Bohnen putzen und schräg in 1 bis 2 cm breite Stücke schneiden. In Salzwasser blanchieren, in kaltem Wasser abschrecken und auf einem Sieb abtropfen lassen. Die Brühe erhitzen, die Bohnen darin heiß schwenken, die Butter hineinrühren und die Bohnen mit Salz, Pfeffer und Dill würzen. Die Speckwürfel in einer Pfanne im Öl kross braten und zum Schluss zu den Bohnen geben.

5 Die Dillbohnen auf warmen Tellern verteilen und den Sellerierostbraten darauf anrichten.

» Den Sellerierostbraten am besten mit Kalbssauce servieren. Dazu 200 ml Kalbssauce mit 50 g brauner Butter und 1 EL frisch gehackten Kräutern abschmecken. «

Salat vom Tafelspitz

Für die Croûtons:

2 Scheiben Toastbrot · 20 g Butter

Für das Dressing:

1/8 l Rinderbrühe · 2 EL Rotweinessig
1/2 TL scharfer Senf · 3 EL Öl
1 Scheibe Knoblauch
1 EL frisch gehackter Dill
Salz · Pfeffer aus der Mühle · Zucker

Für den Salat:

120 g breite grüne Bohnen
Salz · 120 g Radieschen
120 g Champignons · 1 EL Öl
600 g warmer Tafelspitz (siehe S. 56)
150 g Salatblätter (gewaschen)

Für 4 Personen

1 Für die Croûtons Toastbrot entrinden, in 1 cm große Würfel schneiden und in der Butter knusprig braten. Auf Küchenpapier abtropfen.

2 Für das Dressing Brühe, Essig und Senf mischen. Öl einrühren, Knoblauch und Dill dazugeben, mit Salz, Pfeffer und 1 Prise Zucker würzen.

3 Für den Salat von den Bohnen die Enden abschneiden, die Fäden abziehen und die Bohnen in etwa 4 cm lange Stücke schneiden. In Salzwasser bissfest blanchieren, in kaltem Wasser abschrecken und abtropfen lassen. Die Radieschen putzen, waschen und vierteln. Die Champignons putzen, ebenfalls vierteln und in einer Pfanne im Öl etwa 2 Minuten braten, dann salzen und pfeffern.

4 Den warmen Tafelspitz in 4 bis 5 mm dicke Scheiben schneiden. Die Fleischscheiben mit den trockenen Salatblättern auf einer Platte oder auf Tellern anrichten. Das vorbereitete Gemüse darauf verteilen und die Dillmarinade darüber träufeln, mit den Croûtons bestreuen.

Böfflamott mit Ganserlleber und Rhabarber-Chutney

Für die Beize:
½ l kräftiger Rotwein
2 EL Rotweinessig · 1 EL Zucker
1 kg Rindfleisch (aus der Schulter)

Für das Fleisch:
100 g Knollensellerie
150 g Zwiebeln · 80 g Möhre
2 EL Öl · 1 EL Tomatenmark
½ l Geflügelbrühe
½ TL Pimentkörner
½ TL schwarze Pfefferkörner
1 Sternanis · 1 cm Zimtrinde
3 Wacholderbeeren · 1 Lorbeerblatt
½ geschälte Knoblauchzehe
1 Scheibe frischer Ingwer
1 Streifen unbehandelte Zitronenschale · 40 g kalte Butter
Salz · 1 Prise Zucker
1 Prise Cayennepfeffer

Für das Chutney:
400 g Rhabarber · 200 g Äpfel
1 Zwiebel · 150 g brauner Zucker
je ⅛ l Apfelessig und Apfelsaft
Salz · 50 g Rosinen
1 TL gehackter frischer Ingwer
etwas Piment aus der Mühle

Für die Leber:
4 Scheiben Ganserlleber (Gänsestopfleber; à 50 g, etwa 1 cm dick)
Salz · Pfeffer aus der Mühle
1–2 EL doppelgriffiges Mehl
1 EL Öl

Für 4 Personen

1 Für die Beize Rotwein, Essig und Zucker einmal aufkochen und abkühlen lassen. Rindfleischschulter in ein passendes Gefäß geben, mit der Marinade bedecken und zugedeckt 3 Tage im Kühlschrank beizen lassen.

2 Für das Fleisch das Gemüse schälen und grob zerkleinern, Fleischstück aus der Marinade nehmen und trockentupfen, Beize aufheben. Die Rinderschulter in einem Topf bei mittlerer Hitze im Öl rundherum anbräunen und wieder herausnehmen. Das Tomatenmark hineinrühren. Mit 100 ml Beize ablöschen und sirupartig reduzieren lassen, das Ganze noch zweimal wiederholen. Anschließend das angebratene Fleischstück wieder hineinlegen, die Gemüsestücke dazugeben, die übrige Beize und die Brühe dazugießen. Zugedeckt etwa 3 Stunden kaum merklich köcheln lassen, bis das Fleisch weich ist.

3 20 Minuten vor Garzeitende Piment, Pfeffer, Sternanis, Zimtrinde, angedrückte Wacholderbeeren, Lorbeer, Knoblauch, Ingwer und Zitronenschale dazugeben und mitköcheln. Das fertig gegarte Fleisch aus der Schmorsauce nehmen und warm halten. Die Sauce durch ein Sieb gießen, dabei das Gemüse etwas ausdrücken. Die Sauce, falls nötig, etwas reduzieren lassen, die Butter in Stückchen dazugeben und schmelzen lassen. Die Sauce mit Salz, Zucker und Cayennepfeffer abschmecken.

4 Für das Chutney Rhabarber, Äpfel und Zwiebel schälen und in kleine Würfel schneiden. Braunen Zucker mit Apfelessig und Apfelsaft einmal aufkochen. Die Rhabarber-, Apfel- und Zwiebelwürfel hinzufügen, salzen und 20 bis 30 Minuten bei milder Hitze marmeladenartig reduzieren lassen. Rosinen, Ingwer und Piment hineinrühren, einige Stunden durchziehen lassen.

5 Für die Ganserlleber die Leberscheiben salzen und pfeffern und im Mehl wenden. In einer heißen Pfanne von beiden Seiten in 1 EL Öl kross braten und auf Küchenpapier abtropfen lassen.

6 Zum Anrichten den Braten in Scheiben schneiden, auf warme Teller legen und mit der Sauce überziehen. Die Ganserlleber darauf setzen und das Rhabarber-Chutney daneben verteilen.

Kalbsleber mit Rotweinbutter und Birnen-Kartoffel-Püree

Für das Püree:

1 kg Kartoffeln · Salz
¼ l Milch
1 Birne
1 TL Puderzucker
20 g Butter
30 g braune Butter (siehe S. 122)
frisch geriebene Muskatnuss

Für die Rotweinbutter:

1 TL Puderzucker · 200 ml Rotwein
100 g sehr kalte Butter
1 Scheibe frischer Ingwer
1 Scheibe Knoblauch
je 1 Streifen unbehandelte Orangen- und Zitronenschale
Salz · Pfeffer aus der Mühle

Für die Leber:

4 Scheiben Kalbsleber (à 150 g; küchenfertig)
Salz · Pfeffer aus der Mühle
1 EL Öl · 200 g Trompetenpilze
20 g Butter

Zum Anrichten:

Kerbelblättchen zum Garnieren

Für 4 Personen

1. Für das Püree die Kartoffeln schälen, waschen und in Salzwasser weich kochen. Die Milch vorsichtig erhitzen. Die Kartoffeln durch ein Sieb gießen, noch heiß durch eine Kartoffelpresse drücken und die heiße Milch langsam auf den Kartoffelschnee geben. So viel Milch unterrühren, bis das Püree sämig und locker ist. Falls das Püree zu fest ist, noch etwas heiße Milch dazugeben.

2. Die Birne schälen, vierteln, entkernen und in kleine Stücke schneiden. Den Puderzucker in eine Pfanne sieben und bei mittlerer Hitze karamellisieren lassen. Die Butter dazugeben und schmelzen lassen, die Birnenstücke hinzufügen und darin schwenken. Die karamellisierten Birnenwürfel und die braune Butter zum Püree geben, das Püree mit Muskatnuss abschmecken und warm halten.

3. Für die Rotweinbutter den Puderzucker in einen Topf oder eine Pfanne sieben und bei mittlerer Hitze karamellisieren lassen. Mit Rotwein ablöschen, den Rotwein zu zwei Drittel reduzieren lassen. Bei milder Hitze nach und nach die kalte Butter in Stückchen unter ständigem Rühren dazugeben. Ingwer, Knoblauch und die Zitrusschalen kurz mitziehen lassen, wieder entfernen und die Buttersauce mit Salz und Pfeffer abschmecken. Die Sauce darf dabei nicht kochen.

4. Für die Leber die Scheiben salzen und pfeffern und in einer Pfanne bei mittlerer Hitze im Öl von beiden Seiten einige Minuten braten. Die Trompetenpilze gründlich waschen, trockentupfen und in einer Pfanne bei mittlerer Hitze in der Butter kurz andünsten, mit Salz und Pfeffer würzen.

5. Zum Anrichten die Leberscheiben mit dem Birnen-Kartoffel-Püree und den Trompetenpilzen auf vorgewärmte Tellern setzen, mit der Rotweinbutter beträufeln und mit Kerbelblättchen garnieren.

Rindsgulasch mit gebratenen Kardamom-Grießnockerl

Für das Gulasch:

900 g Rindfleisch (aus der Wade)
900 g Zwiebeln
2 EL Öl · 1 TL Tomatenmark
1–2 EL Paprikapulver (edelsüß)
½ l Geflügelbrühe
3 Knoblauchzehen
1 TL ganzer Kümmel · 1 TL Majoran
1 Streifen unbehandelte Zitronenschale
Salz · 1 Prise Cayennepfeffer

Für die Grießnockerl:

120 g Hartweizengrieß
175 ml Gemüsebrühe · 175 ml Milch
1 ungeschälte Knoblauchzehe
1 Streifen unbehandelte Zitronenschale
etwas frisch geriebene Muskatnuss
Salz · Pfeffer aus der Mühle
frisch gemahlener Kardamom
1 Ei · 1 Eigelb
50 g braune Butter (siehe S. 122)

Für die Brösel:

2 EL frisch geriebene Semmelbrösel oder Mie de pain (siehe S. 21)
80 g Butter
Salz · Pfeffer aus der Mühle

Für 4 Personen · Foto rechts

1 Für das Gulasch das Rindfleisch von groben Sehnen befreien und in 3 bis 4 cm große Würfel schneiden. Die Zwiebeln schälen, halbieren und in Streifen schneiden. Die Rindfleischwürfel in einem großen Schmortopf bei mittlerer Hitze im Öl anbraten. Das Tomatenmark hineinrühren, die Zwiebelstreifen dazugeben und 3 Minuten mitdünsten. Mit Paprikapulver würzen und mit der Brühe aufgießen. Das Gulasch gut 2 Stunden mehr ziehen als köcheln lassen.

2 Knoblauchzehen schälen und mit Kümmel, Majoran und Zitronenschale zu einer feinen Paste hacken. Das Gulasch etwa 15 Minuten vor Garzeitende mit der Paste würzen. Zum Schluss mit Salz und Cayennepfeffer würzig abschmecken.

3 Für die Grießnockerl den Grieß in einer Pfanne ohne Fett mild rösten, bis er anfängt zu duften, dann abkühlen lassen. Die Brühe mit der Milch, der Knoblauchzehe und der Zitronenschale aufkochen, mit Muskatnuss, Salz, Pfeffer und Kardamom würzen. Den Grieß unter Rühren hineinrieseln lassen und in 3 bis 5 Minuten einen Grießbrei daraus kochen. Etwas abkühlen lassen. Ei und Eigelb verquirlen und hineinrühren. Die braune Butter ebenfalls unter den Grießbrei rühren, den Brei gut abkühlen lassen.

4 Aus der abgekühlten Masse mit zwei nassen Teelöffeln Nockerl formen und in siedendem Salzwasser etwa 8 Minuten ziehen lassen. Die Nockerl mit einer Schaumkelle herausnehmen und auf Küchenpapier abtropfen lassen.

5 Für die Brösel die Semmelbrösel in der Butter bei milder Hitze bräunen, salzen und pfeffern. Die Grießnockerl in den gerösteten Semmelbröseln wenden.

6 Zum Anrichten die Kardamom-Grießnockerl mit dem Gulasch auf vorgewärmten Tellern verteilen und nach Geschmack mit Petersilienblättern garnieren.

Rindfleisch-Thunfisch-Tatar

Für das Tatar:
400 g Rindfleisch (aus der Lende oder Hüfte)
Salz
1 Prise Zucker
300 g Thunfischsteak (Sushi-Qualität)
1–2 EL eingelegte kleine Kapern
4 eingelegte Sardellenfilets
4 EL Olivenöl
Saft von 1 Zitrone
Szechuanpfeffer aus der Mühle
1 EL frische Petersilie (grob gehackt)

Für 4 Personen

1. Das Rindfleisch in Würfel schneiden, leicht salzen und zuckern. So bleibt die rote Farbe des Fleisches erhalten und ist außerdem eine gute Bindung gewährt. Die Fleischwürfel 30 Minuten ziehen lassen und dann durch den Fleischwolf drehen.

2. Den Thunfisch erst in dünne Scheiben und dann in sehr kleine Würfel schneiden. Die Kapern und die Sardellenfilets abwaschen, abtropfen lassen und grob hacken.

3. Rindfleisch- und Thunfischwürfel, Kapern und Sardellen gut miteinander mischen. Mit Olivenöl, Zitronensaft, Salz und Szechuanpfeffer kräftig würzen. Zum Schluss die Petersilie darunter rühren.

4. Das Tatar mit den Händen zu Hacksteaks formen und mit einem Messerrücken rautenförmig einkerben. Dazu schmecken frisch gebackene Kartoffelrösti.

Huhn & Wild

Wissenswertes zu Huhn

EINKAUF

Die Qualität von Geflügelfleisch hängt sehr stark von der Art und Weise der Zucht ab. Für den Geschmack sind gutes Futter sowie genügend Auslauf im Freien ausschlaggebend. Kennzeichen für Tiere von hoher Qualität sind in der Regel ein höheres Schlachtgewicht, gelbliche Haut sowie meist auch der höhere Preis.

Einkaufskriterien

Generell sollte bei Geflügel die Haut hell, frisch und trocken aussehen, die Brustpartie gut ausgebildet sein und die Knorpel an den Keulenenden eine hellgelbe Farbe haben. Frisches Geflügel ist tiefgefrorenem vorzuziehen. Beim Hähnchen sind ältere Tiere (bis 90 Tage alt) oft geschmacksintensiver als jüngere geschlachtete Tiere (30 bis 40 Tage alt). Bei ganzen Tieren rechnet man 400 g pro Person, bei entbeintem Fleisch 125 g pro Person. Ein Hähnchen (800 bis 1200 g) reicht für 2 bis 3 Personen, eine Poularde (1,2 bis 1,5 kg) für 3 bis 4 Personen.

Poularde und Perlhuhn

Unter Poularde versteht man ein Masthuhn (8 bis 10 Wochen alt) mit geschmacksintensivem Fleisch. Das Perlhuhn (Gewicht bis zu 1 kg) besitzt dunkleres und magereres Fleisch, das geschmacklich an Fasan erinnert.

Mein Tipp:

»Da das Perlhuhn sowie auch die entbeinte Hühnerbrust sehr mageres Fleisch haben, müssen sie unbedingt schonend und sanft gebraten werden.«

LAGERUNG

Ausgenommenes Geflügel nicht in Plastik, sondern locker mit Pergamentpapier umwickelt im Kühlschrank bei 0 bis 4 °C nicht länger als 4 Tage lagern. So bleibt die Haut trocken. Einzelne Geflügelteile am besten vakuumverpackt bis zum Gebrauch im Kühlschrank aufbewahren, jedoch nicht länger als 1 Woche. Tiefgefrorenes Geflügel über Nacht im Kühlschrank auftauen lassen und so bald wie möglich verarbeiten.

VERARBEITUNG

Geflügel vorbereiten

Geflügel vor dem Garen unter fließendem Wasser abspülen, mit Küchenpapier abtrocknen und danach aus hygienischen Gründen sofort verarbeiten.

Suppenhühner

Ältere Tiere, wie z. B. Suppenhühner (15 bis 18 Monate alt), in Flüssigkeit schmoren oder schonend garen, damit das Fleisch zarter wird.

Das Suppenhuhn in einem Topf vollständig mit Wasser bedecken.

Nach 1 Stunde Kochzeit Gemüse und Gewürze dazugeben.

Das Huhn ist fertig, wenn beim Einstechen klarer Saft austritt.

Wissenswertes zu Wild

EINKAUF

Grundsätzlich unterscheidet man zwischen Schalenwild (Reh- und Damwild, Rotwild, Wildschweine) und Niederwild (Wildhasen und Federwild).

Schalenwild

Bei der landwirtschaftlichen Wildhaltung ist die gesetzliche Fleischbeschau vorgeschrieben, sodass dem Verbraucher qualitativ hochwertige Produkte garantiert sind. Zudem ist das Fleisch dieser Tiere meist sehr zart, weil sie bei der Schlachtung maximal 15 Monate alt sind.

Federwild

Bei Federwild werden zunehmend Vögel aus Zuchtbetrieben angeboten, da die Jagdsaison für Wildvögel sehr kurz ist. Einige Arten, wie z. B. Fasane, Wachteln und Tauben, gibt es das ganze Jahr über zu kaufen. Wildwachteln erhält man hierzulande fast gar nicht mehr. Allerdings ist die Zuchtwachtel eine sehr gute Alternative zur Wildwachtel und sogar ein guter Ersatz für das Rebhuhn, da sie sich geschmacklich sehr ähnlich sind. Wild- und Zuchtfasan sind gleichwertig, wobei es sich bei den Vögeln aus der Zucht ebenfalls immer um jüngere Vögel handelt.
Ein Fasan reicht für 2 Personen, bei Wachtel und Taube nimmt man einen Vogel pro Person.

Mein Tipp:

»Die klassische Beize für dunkles Wildfleisch ist die Rotweinbeize. Das Fleisch kann bis zu 1 Woche darin ziehen.«

LAGERUNG

Bei längerer Lagerung besteht die Gefahr, dass das Fleisch austrocknet, da Wildfleisch meist nur eine dünne Fettschicht hat.

Kühlen

Ausgelöste Fleischstücke kann man einzeln vakuumverpackt im Kühlschrank bis zu 2 Wochen aufbewahren. Niederwild muss nicht abhängen. Küchenfertige Vögel am besten in Pergamentpapier wickeln, so können sie bei 0 bis 4 °C bis zu 3 Tage aufbewahrt werden.

VERARBEITUNG

Tradition des Beizens

Das Beizen von Wild diente früher vor allem zur Konservierung und zur Geschmacksregulierung. Entweder sollte damit einem zu jungen Tier zusätzlicher Geschmack verliehen oder einem älteren Tier der kräftige Wildgeschmack genommen werden. Durch Marinieren kann etwas zäheres Fleisch mürber werden. Das Spicken von Wild ist bei schonendem Garen nicht nötig.

Für die Wildgrundsauce klein gehackte Wildknochen anrösten.

Gemüse und Brühe zu den Knochen geben und 1 Stunde kochen lassen.

Die fertige Sauce durch ein Sieb gießen und nochmals reduzieren.

Grundrezepte

Hühnersuppe

Zutaten für 4–6 Personen:
1 Suppenhuhn (1,5 kg)
1 Möhre
2 Stangen Staudensellerie
2 Zwiebeln
1 Lorbeerblatt · 2 Thymianzweige
2 ungeschälte Knoblauchzehen
1 TL schwarze Pfefferkörner
½ TL Pimentkörner
Salz · Cayennepfeffer
frisch geriebene Muskatnuss

Zubereitung:

1 Das Suppenhuhn in einen großen Topf mit kaltem Wasser geben, sodass das Huhn vollständig mit Wasser bedeckt ist. Das Wasser bis kurz vor dem Siedepunkt erhitzen und das Suppenhuhn 1 ½ Stunden bei gleichbleibender Hitze darin ziehen lassen.
2 Das Gemüse putzen, schälen, in grobe Stücke schneiden und mit Lorbeer, Thymian, Knoblauch, Pfeffer und Piment nach 1 Stunde in den Topf geben.
3 Die fertige Brühe durch ein Sieb passieren und mit Salz und Cayennepfeffer abschmecken. In die vorgewärmten Teller 1 Prise frisch geriebene Muskatnuss geben und mit der Hühnersuppe auffüllen.

» Falls sich Trübstoffe auf der Suppe bilden, diese mit einem Schaumlöffel abschöpfen. «

Gebratene Wachtel

Zutaten für 1 Person:
Brust und Keulen von 1 ausgelösten Wachtel (mit Haut, küchenfertig)
Salz
Pfeffer aus der Mühle
1 EL Öl

Zubereitung:

1 Wachtelbrüste und -keulen salzen und pfeffern. Die Keulen in einer Pfanne bei milder Hitze im Öl mit der Hautseite nach unten 2 Minuten anbraten.
2 Die Keulen wenden und die Wachtelbrüste ebenfalls mit der Hautseite nach unten in die Pfanne geben.
3 Wenn die Haut kross gebraten ist, die Wachtelbrüste wenden, die Pfanne vom Herd nehmen und das Fleisch darin gar ziehen lassen.

» Die Keulen immer zuerst in die Pfanne geben, da sie wegen der Knochen eine längere Garzeit benötigen. «

Poulardenbrust mit Kräutern

Zutaten für 1 Person:
ein paar schöne Petersilienblätter
1 Poulardenbrust (mit Haut, küchenfertig)
Salz
Pfeffer aus der Mühle
1 EL Öl

Zubereitung:

1 Die Petersilienblätter waschen und trocknen. Die Haut der Poulardenbrust etwas anheben, ein paar schöne Kräuterblätter flach darunter legen und die Haut wieder straff darüber ziehen.
2 Mit Salz und Pfeffer würzen und auf der Hautseite in einer Pfanne im Öl bei milder Hitze 6 bis 7 Minuten kross anbraten.
3 Die Poulardenbrust wenden, die Pfanne vom Herd nehmen und das Fleisch darin wenige Minuten saftig durchziehen lassen.

» Je nach Belieben kann man auch andere frische Kräuter statt Petersilie verwenden. Für einen besonderen Anlass können auch frische Trüffelscheiben unter die Haut der Poulardenbrust gelegt werden. «

Blanquette vom Huhn

Zutaten für 4 Personen:
4 Maishähnchenbrüste (küchenfertig)
Salz
1 Zwiebel
1 Möhre
2 Stangen Staudensellerie
1 EL Öl
3/4 l Geflügelbrühe
1 gehäufter EL Speisestärke (etwa 20 g)
1/2 TL Puderzucker
1/8 l Weißwein
100 g Sahne
1 Lorbeerblatt
1 Thymianzweig
1 ungeschälte Knoblauchzehe
1 Scheibe frischer Ingwer
1 Streifen unbehandelte Zitronenschale
Pfeffer aus der Mühle
20 g Butter

Zubereitung:

1 Die Haut der Hähnchenbrust abziehen und das Brustfleisch in 2 cm große Würfel schneiden. Die Fleischwürfel kurz im siedenden Salzwasser blanchieren, damit sich die Poren schließen. In einem Sieb abtropfen lassen.

2 Das Gemüse putzen, schälen und in kleine Würfel schneiden. In einem Topf bei milder Hitze im Öl glasig dünsten.

3 Mit der Geflügelbrühe aufgießen. Die Stärke in etwas kaltem Wasser auflösen, die Brühe damit zur gewünschten Konsistenz binden und 1 bis 2 Minuten leicht köcheln lassen, damit sich die Stärke auskocht.

4 Den Puderzucker in einen kleinen Topf sieben und bei mittlerer Hitze karamellisieren lassen, mit dem Weißwein aufgießen und den Wein zu zwei Drittel reduzieren lassen.

5 Diese Weinreduktion mit Sahne, Lorbeer, Thymian, Knoblauch, Ingwer und Zitronenschale zur Brühe geben und die Gewürze 10 Minuten darin ziehen lassen. Nach 5 Minuten die Geflügelwürfel dazugeben.

6 Das Ganze nochmals durch ein Sieb gießen, die Sauce auffangen und mit Salz und Pfeffer abschmecken. Die Butter hinzufügen und darin schmelzen lassen. Die Geflügelwürfel und nach Geschmack das Gemüse wieder in die Sauce geben, erhitzen und servieren.

» Mit Blanquette wird ein Ragout aus hellem Fleisch in einer weißen Sauce bezeichnet. Im Unterschied zum Frikassee wird das Fleisch hier separat von der Sauce gegart. Maishähnchen sind Poularden, die mit Mais gefüttert wurden. «

Chicken Wings

Zutaten für 4 Personen als Snack:

Für die Marinade:
2 TL Zucker
3 TL Salz
3 TL Paprikapulver (edelsüß)
1/2 TL Cayennepfeffer
2 TL Currypulver
1/2 TL Pfeffer aus der Mühle
2 TL Ketchup
1 TL scharfer Senf
100 ml Bier
1/4 l Öl

Für die Chicken Wings:
1,5 kg Hühnchenflügel (im Gelenk geteilt)
etwas Öl für das Blech

Zubereitung:

1 Für die Marinade Zucker, Salz, Paprika, Cayennepfeffer, Curry, Pfeffer, Ketchup und Senf mit dem Bier in einer Schüssel gut vermengen und das Öl hineinrühren.

2 Die Chicken Wings in einer entsprechend großen Form mit der Marinade mischen und über Nacht zugedeckt im Kühlschrank ziehen lassen.

3 Am nächsten Tag den Ofen auf 190 °C vorheizen. Die Chicken Wings aus der Marinade nehmen, abtropfen lassen und auf einem geölten Blech im vorgeheizten Ofen 20 bis 25 Minuten kross backen. Ab und zu wenden. Mit Dips servieren.

Rotweinbeize für Wild

Zutaten für 500 g Fleisch:

1 TL Wacholderbeeren
1 TL Pimentkörner
1 TL schwarze Pfefferkörner
1 Sternanis
1 EL Zucker
1 Lorbeerblatt
½ Zimtrinde
½ l Rotwein

Zubereitung:

1 Die Wacholderbeeren leicht andrücken. Wacholder mit Piment, Pfeffer, Sternanis, Zucker, Lorbeer und Zimt mit dem Rotwein mischen.

2 Das Fleisch in eine ausreichend große Form legen und mit der Rotweinbeize übergießen. Je nach Größe des Fleischstücks 1 bis 2 Tage zugedeckt im Kühlschrank marinieren lassen.

» Für die Beize sollte am besten ein gut trinkbarer, trockener und kräftiger Rotwein verwendet werden. Für einen intensiveren Geschmack die Gewürze kurz in einem Topf ohne Fett rösten, bis sie anfangen zu duften. «

Trockenbeize für Wild

Zutaten für 500 g Fleisch:

dünne Schalen von je ½ unbehandelten Orange und Zitrone
2 Rosmarinzweige
1 gehäufter EL Salz
2 EL Zucker
1 TL Pimentkörner
½ TL schwarze Pfefferkörner
½ TL Wacholderbeeren

Zubereitung:

1 Die Orangen- und Zitronenschalen in dünne Streifen schneiden. Die Nadeln von den Rosmarinzweigen zupfen. Zitrusstreifen und Rosmarinnadeln mit Salz, Zucker, Piment, Pfeffer und angedrückten Wacholderbeeren in einer Schüssel mischen.

2 Das zu beizende Fleisch rundherum damit bestreuen und über Nacht im Kühlschrank zugedeckt marinieren lassen.

» Anstelle des Rehfleischs kann man mit dieser Beize auch Kalbfleisch marinieren. «

Grundrezept Wildsauce

Zutaten für etwa 1 l:

1,5 kg Rehknochen (vom Rücken)
1 Zwiebel
1 Möhre
200 g Knollensellerie
1 TL Puderzucker
1 TL Tomatenmark
300 ml Rotwein
2 l möglichst schwach gesalzene Geflügelbrühe
1 Apfel
2 ungeschälte Knoblauchzehen
2 Scheiben frischer Ingwer
1 Lorbeerblatt
½ TL angedrückte Wacholderbeeren
½ TL Pimentkörner

Zubereitung:

1 Den Ofen auf 200 °C vorheizen. Die Knochen klein hacken und auf einem Blech im vorgeheizten Ofen rundherum in gut 30 Minuten bräunen.

2 Gemüse putzen, schälen und in 2 cm große Würfel schneiden.

3 In einem Topf bei mittlerer Hitze den Puderzucker karamellisieren und die angebräunten Knochen hineinrühren. Das Tomatenmark hinzufügen, kurz etwas mitrösten lassen und mit einem Drittel des Rotweins ablöschen. Sirupartig reduzieren lassen, erneut mit einem Drittel Rotwein ablöschen und reduzieren lassen und den Vorgang noch einmal wiederholen.

4 Das Gemüse dazugeben, die Brühe angießen und das Ganze mindestens 1 Stunde kaum merklich köcheln lassen.

5 Den Apfel waschen, vierteln, das Kerngehäuse entfernen und die Viertel in Scheiben schneiden. Nach 45 Minuten Knoblauch, Gewürze und die Apfelscheiben in die Sauce geben und noch 15 Minuten mitköcheln.

6 Die Sauce durch ein Sieb gießen und nochmals auf etwa ein Drittel reduzieren.

» Für einen etwas milderen Wildgeschmack die Sauce je zur Hälfte mit Wild- und Kalbsknochen zubereiten. Diese Sauce können Sie gut auf Vorrat herstellen und z. B. in Portionen zu 200 ml (reicht für etwa 4 Personen) einfrieren. «

Wildsauce mit Preiselbeeren

Zutaten für etwa 200 ml:

200 ml Wildsauce (Grundrezept, siehe links)
1 EL reduzierter Portwein
1 EL Preiselbeerkompott
1 Rosmarinzweig
Salz
Pfeffer aus der Mühle
ein kleines Stück kalte Butter

Zubereitung:

1 Die Wildgrundsauce erhitzen, den reduzierten Portwein, das Preiselbeerkompott und den Rosmarinzweig dazugeben. Rosmarinzweig kurz darin ziehen lassen und wieder entfernen.

2 Die Sauce mit Salz und Pfeffer würzen und zum Schluss die kalte Butter darin schmelzen lassen.

» Für eine Reduktion wird der Rot- oder Portwein bei mittlerer Hitze auf ein Drittel einreduziert. Durch die Zugabe dieser Reduktion wird die Wildsauce voller und runder im Geschmack. «

Wildsauce mit Schokolade

Zutaten für etwa 200 ml:

200 ml Wildsauce (Grundrezept, siehe links)
1 Stück Zimtrinde
je 1 Streifen unbehandelte Orangen- und Zitronenschale
1 EL Kirschwasser
1 EL reduzierter Rotwein
Salz
Pfeffer aus der Mühle
ein kleines Stück Zartbitter-Schokolade
ein kleines Stück kalte Butter

Zubereitung:

1 Die Wildgrundsauce erhitzen, die Zimtrinde, die Orangen- und Zitronenschalen hineingeben und kurz darin ziehen lassen.

2 Das Kirschwasser und den reduzierten Rotwein dazugeben. Zimtrinde und Zitrusschalen wieder entfernen, die Sauce mit Salz und Pfeffer abschmecken.

3 Zum Schluss die Zartbitter-Schokolade und die kalte Butter darin schmelzen lassen.

» Die Gewürze immer zum Schluss in die Sauce geben und höchstens 5 Minuten darin ziehen lassen. So geben sie das Beste von ihrem Geschmack ab. «

Gefülltes Perlhuhn mit Pilzen

Für die Fülle und das Perlhuhn:
250 g Kalbsbrät (vom Metzger)
2 EL Sahne
je 1/2 TL frisch gehackter Knoblauch und Ingwer
1 EL frische Petersilie (grob gehackt)
2 Scheiben Toastbrot (50 g)
4 EL Öl · 20 g Butter
1 Perlhuhn (etwa 1 kg)
Salz · Pfeffer aus der Mühle

Für die Sauce und das Dressing:
1/2 Zwiebel · 1 kleine Möhre
80 g Knollensellerie
1 TL Puderzucker
1 TL Tomatenmark
80 ml Rotwein
300 ml Geflügelbrühe
1 Rosmarinzweig
1 ungeschälte Knoblauchzehe
1 Scheibe frischer Ingwer
1 Streifen unbehandelte Zitronenschale
Salz · Pfeffer aus der Mühle

Für die Pilze:
400 g gemischte Pilze
1 EL Öl
20 g Butter
Salz · Pfeffer aus der Mühle
1 EL frische Petersilie (grob gehackt)

Für 4 Personen · Foto rechts

1. Für die Fülle das Brät mit der Sahne glatt rühren und mit Knoblauch, Ingwer und Petersilie würzen. Das Toastbrot entrinden, in 1 cm große Würfel schneiden und in einer Pfanne bei mittlerer Hitze in Öl und Butter goldbraun braten. Die Croûtons auf Küchenpapier abkühlen lassen und unter das Kalbsbrät heben.

2. Das Perlhuhn mit den Flügeln nach oben auf eine saubere Arbeitsfläche legen und entlang des Rückgrats mit einem kleinen, scharfen Küchenmesser einschneiden. Das Fleisch von der Karkasse und die Flügel und Keulen aus den Gelenken lösen. Das Brustfleisch vom Knochen lösen. Mit dem Messer vorsichtig über das Brustbein fahren, damit die dünne Haut nicht verletzt wird, die andere Seite von oben in umgekehrter Reihenfolge auslösen. Die Karkasse aus dem Fleisch nehmen und das Perlhuhn flach auf die Hautseite legen, mit Salz und Pfeffer würzen.

3. Den Backofen auf 200 °C vorheizen. Die Füllung in der Mitte des Perlhuhns der Länge nach verteilen, das Fleisch darüber zusammenklappen, die Fleischenden dabei etwas übereinander legen und mit Zahnstochern feststecken. Das Geflügel auf den Rücken drehen, in die ursprüngliche Form bringen und von außen salzen und pfeffern. Die Karkasse klein hacken und auf einem Blech im Ofen braun rösten.

4. Für die Sauce Zwiebel, Möhre und Sellerie schälen und grob zerkleinern. Im Bräter den Puderzucker karamellisieren, die Knochen dazugeben, Tomatenmark hineinrühren und mit Rotwein ablöschen. Das Ganze sirupartig reduzieren lassen. Backofen auf 140 °C vorheizen.

5. Das Gemüse hinzufügen, die Brühe dazugießen und das gefüllte Perlhuhn in die Mitte des Bräters setzen. Im Ofen knapp 1 Stunde garen. Nach 30 Minuten Rosmarin, Knoblauch, Ingwer und Zitronenschale dazugeben. Das Huhn aus dem Bräter nehmen und die Zahnstocher entfernen, das Perlhuhn warm halten. Die Sauce durch ein Sieb gießen und noch etwas reduzieren, salzen und pfeffern.

6. Die Pilze putzen, je nach Größe halbieren oder in Scheiben schneiden. In einer Pfanne etwa 2 Minuten leicht im Öl anbraten, die Butter dazugeben, die Pilze salzen und pfeffern und mit der Petersilie bestreuen.

7. Zum Anrichten die Pilze auf warmen Tellern verteilen, mit der Sauce beträufeln, das Perlhuhn in Scheiben schneiden und darauf legen.

Poulardenkeule aus dem Pfeffertopf

Für den Pfeffertopf:
2 Kartoffeln · ½ Zwiebel · 1 Möhre
80 g Knollensellerie
1 mittelscharfe rote Chilischote
1 EL grob gemahlener schwarzer Pfeffer · 4 EL Öl
4 Poulardenkeulen · Salz
150 ml Olivenöl · 1 Lorbeerblatt
150 ml Weißwein
150 ml Geflügelbrühe
1 Prise Cayennepfeffer
2 Scheiben frischer Ingwer
½ Knoblauchzehe
1 Streifen unbehandelte Zitronenschale

Für 4 Personen

1 Kartoffeln, Zwiebel, Möhre und Sellerie putzen, schälen und in etwa 1 ½ cm große Würfel schneiden. Die Chilischote aufschneiden und entkernen. Den Backofen auf 140 °C vorheizen. Pfeffer in einem Bräter im Öl etwas anrösten und auf einem Sieb abtropfen lassen. Poulardenkeulen salzen und im Bräter in 2 EL Olivenöl von beiden Seiten anbraten. Gemüse, Pfefferschrot, Chilischote und Lorbeerblatt hinzufügen, den Weißwein mit der Brühe und dem übrigen Olivenöl dazugeben. Alles zugedeckt 40 Minuten im Ofen schmoren.

2 Die Keulen aus dem Bräter nehmen und unter dem Backofengrill leicht nachbräunen lassen. Den Gemüsesud mit Cayennepfeffer würzen, Ingwer, Knoblauch und Zitronenschale hineinlegen und darin etwas ziehen lassen. Den Sud, falls nötig, noch etwas reduzieren lassen, salzen und durch ein Sieb gießen.

3 Zum Servieren die Poulardenkeulen mit dem Pfeffersud und dem Gemüse auf Tellern anrichten.

Freilandhendlbrust mit gebratenem Gemüse und Erdnusssauce

Für das Gemüse:
2 Möhren
20 Stangen grüner Mini-Spargel
80 g Zuckerschoten
8 mittelgroße Röschen Romanesco
Salz · 8 kleine Cocktailtomaten
12 kleine, weiße Champignons
8 Mini-Maiskolben
1 EL Olivenöl
½ gehackte Knoblauchzehe
1 Scheibe frischer Ingwer
1 Streifen unbehandelte Zitronenschale · 1 Prise Bohnenkraut
50 ml Geflügelbrühe
20 g kalte Butter · 1 EL Sojasauce
Szechuanpfeffer aus der Mühle

Für das Fleisch:
4 Freiland-Hähnchenbrüste (küchenfertig) · Salz
Szechuanpfeffer aus der Mühle
2 ungeschälte Knoblauchzehen
1 EL Öl · 1 Rosmarinzweig

Für die Sauce:
100 ml Geflügelbrühe
50 g Erdnussbutter
1 EL Kokosmilch
Salz · Szechuanpfeffer
1 Prise Cayennepfeffer
20 g kalte Butter

Für 4 Personen

1 Für das Gemüse die Möhren schälen, den Spargel quer halbieren und die Zuckerschoten putzen. Spargel, Romanesco und Zuckerschoten in Salzwasser bissfest blanchieren, in kaltem Wasser abschrecken und auf einem Sieb abtropfen lassen. Die Cocktailtomaten halbieren, die Champignons putzen, die Maiskolben der Länge nach halbieren.

2 Für das Fleisch von den Hähnchenbrüsten die Haut entfernen und das Fleisch quer in 2 cm breite Streifen schneiden. Mit Salz und Szechuanpfeffer würzen und in einer Pfanne mit dem Knoblauch bei mittlerer Hitze im Öl rundherum 4 bis 5 Minuten sanft braten. Den Rosmarinzweig zum Schluss dazugeben, dann die Pfanne vom Herd nehmen und die Hähnchenbrüste darin saftig durchziehen lassen.

3 In einer Pfanne bei milder Hitze die Maiskolben, die Zuckerschoten, den Spargel und den Romanesco in 1 EL Olivenöl andünsten. Die Möhren auf einem feinen Hobel in dünnen Scheiben darüber raspeln. Den Knoblauch, die Ingwerscheibe und die Zitronenschale dazugeben und darunter rühren. Mit Bohnenkraut würzen, mit der Geflügelbrühe aufgießen und das Gemüse 3 bis 4 Minuten knapp unter dem Siedepunkt ziehen lassen.

4 Zum Schluss die Champignons und die Cocktailtomaten in die Pfanne geben und alles nochmals erhitzen. Die Butter hinzufügen und darin schmelzen lassen, das Gemüse mit der Sojasauce, Salz und Szechuanpfeffer abschmecken und gut durchschwenken.

5 Für die Sauce die Geflügelbrühe in einem kleinen Topf bei mittlerer Temperatur erhitzen und die Erdnussbutter darin auflösen. Kokosmilch dazugeben und die Sauce mit Salz, Szechuanpfeffer sowie Cayennepfeffer abschmecken. Zum Schluss die Butter hinzufügen und in der Sauce schmelzen lassen.

6 Zum Anrichten das Gemüse auf warmen Tellern verteilen, die Hähnchenbrust daraufsetzen und mit der Erdnusssauce beträufeln.

Geflügelbrust mit Limetten-Basmatireis und Currysauce

Für den Reis:

250 g Basmatireis
½ Zwiebel
1 unbehandelte Limette
1 EL Öl
2 Zacken Sternanis
350 ml Gemüsebrühe
30 g kalte Butter · Salz
1 Prise Cayennepfeffer

Für die Sauce:

⅛ l Geflügelbrühe
100 g Sahne
1 TL Speisestärke
½ gehackte Knoblauchzehe
1 Msp gehackter frischer Ingwer
1 TL Currypulver
30 g Butter
Salz
1 Prise Cayennepfeffer

Für das Fleisch:

5 cm Zitronengrasstängel
4 Poulardenbrüste (mit Haut, ohne Knochen)
Salz · Pfeffer aus der Mühle
1 EL Öl

Für 4 Personen

1 Für den Limetten-Basmatireis den Basmatireis in einem Sieb gründlich waschen und abtropfen lassen. Die Zwiebel schälen und in kleine Würfel schneiden, die Limette waschen und in Scheiben schneiden. Den Ofen auf 180 °C vorheizen.

2 In einem ofenfesten Topf das Öl erhitzen und die Zwiebelwürfel darin glasig dünsten. Den Basmatireis mit Limettenscheiben und Sternanis hinzufügen, etwas mitdünsten lassen und mit der Brühe auffüllen. Einmal aufkochen, dann zudecken und im vorgeheizten Ofen in 15 bis 20 Minuten ausquellen lassen. Limettenscheiben und Sternanis wieder aus dem Reis entfernen, die Butter hineinrühren und den Reis mit Salz und Cayennepfeffer würzen.

3 Für die Sauce die Brühe mit der Sahne aufkochen lassen. Die Speisestärke mit wenig kaltem Wasser glatt rühren, die Brühe damit leicht binden und etwa 2 Minuten weiter köcheln lassen, damit sich die Stärke auskocht. Knoblauch, Ingwer, Curry und Butter hinzufügen und alles einmal mit dem Pürierstab aufschäumen. Mit Salz, Curry und Cayennepfeffer abschmecken.

4 Für das Fleisch das Zitronengras mit einem Messer sehr fein hacken. Von den Geflügelbrüsten die Haut etwas anheben und das Zitronengras darunter verteilen. Die Haut wieder straff darüber ziehen und die Brust von beiden Seiten salzen und pfeffern.

5 Die Poulardenbrüste in einer Pfanne bei mittlerer Hitze im Öl auf der Hautseite in etwa 6 bis 7 Minuten kross anbraten, wenden, die Pfanne vom Herd nehmen und das Fleisch darin in wenigen Minuten saftig durchziehen lassen.

6 Die Geflügelbrust mit dem Limetten-Basmatireis und der Currysauce auf warmen Tellern anrichten.

Hirschgröstl mit Steinpilzen und Pfirsichspalten

Für das Fleisch:
600 g Filet vom Hirschrücken (ohne Haut und Knochen)
Salz · Pfeffer aus der Mühle
3 EL Öl · 2 cm Zimtrinde
1 Lorbeerblatt · 5 Pimentkörner
2 Wacholderbeeren

Für die Pilze:
350 g kleine Steinpilze · 1 EL Öl
Salz · Pfeffer aus der Mühle
1 EL frische Petersilie (grob gehackt)

Für die Pfirsichspalten:
2 reife, festfleischige Pfirsiche
1 EL Puderzucker
2 Thymianzweige
etwas frisch gemahlener Piment

Zum Anrichten:
200 ml Wildsauce (Grundrezept, siehe S. 80)

Für 4 Personen

1 Für das Fleisch den Ofen auf 120 °C vorheizen. Den Hirschrücken in 3 cm große Würfel schneiden, salzen und pfeffern. In einer Pfanne bei mittlerer Hitze das Öl erwärmen und die Zimtrinde, das Lorbeerblatt, die Pimentkörner und die angedrückten Wacholderbeeren darin leicht anrösten. Das Fleisch dazugeben und rundherum anbraten. Die Fleischwürfel auf ein Ofengitter mit Abtropfblech geben und im vorgeheizten Ofen in etwa 5 Minuten rosa garen, dann warm halten.

2 Für die Pilze die Steinpilze putzen und je nach Größe in Scheiben schneiden oder vierteln. In einer Pfanne im Öl etwa 2 Minuten anbraten und mit Salz und Pfeffer würzen. Zum Schluss die Petersilie hinzufügen.

3 Für die Pfirsichspalten die Früchte waschen, halbieren, entsteinen und die Pfirsichhälften in Spalten schneiden. In einer Pfanne bei mittlerer Hitze den Puderzucker karamellisieren, die Pfirsichspalten hineingeben und darin schwenken. Die Thymianzweige hineinlegen und das Ganze mit etwas Piment würzen. Thymianzweige kurz ziehen lassen und wieder herausnehmen.

4 Zum Anrichten das Hirschgröstl mit den Steinpilzen auf warme Teller verteilen und die Pfirsichspalten dazwischen legen. Die Wildsauce erhitzen, abschmecken und über das Gröstl träufeln.

»Zum Abschmecken der Wildsauce 1 Scheibe frischen Ingwer, 1 Streifen unbehandelte Orangenschale sowie 4 angedrückte Wacholderbeeren kurz in der Sauce ziehen lassen, wieder herausnehmen und zum Schluss die Sauce mit etwas Sahne verfeinern.«

Fasanenbrust auf Spitzkohl

Für das Fleisch:

4 Fasanenbrüste (ohne Haut und Knochen)
Salz · Pfeffer aus der Mühle
1 ½ EL Öl · 20 g Butter
1 ungeschälte Knoblauchzehe
2 Thymianzweige
4 Scheiben durchwachsener Speck

Für das Gemüse:

1 EL Rosinen
2 EL halbtrockener Sherry
½ weiße Zwiebel
2 EL getrocknete Trompetenpilze
2 kleine Möhren
400 g Spitzkohl · 1 EL Öl
Salz · Pfeffer aus der Mühle
40 g Butter

Für die Sauce:

1 mittelscharfe rote Chilischote
80 g Aprikosenkonfitüre
2 EL Reisessig · Salz

Für 4 Personen · Foto rechts

1 Für das Fleisch die Fasanenbrüste salzen und pfeffern. In einer Pfanne bei milder Hitze 1 EL Öl und die Butter erhitzen und die Fasanenbrüste mit dem Knoblauch und den Thymianzweigen hineingeben. Die Fasanenbrüste auf beiden Seiten insgesamt etwa 4 Minuten sanft anbraten, herausnehmen und warm halten. Den Speck in einer Pfanne im restlichen Öl kross anbraten, auf Küchenpapier abtropfen lassen und in breite Stücke schneiden.

2 Für das Gemüse die Rosinen in Sherry einweichen. Die Zwiebel schälen und in feine Würfel schneiden. Die Trompetenpilze in etwas Wasser einmal aufkochen, dann kurz darin ziehen lassen, bis sie weich sind. Die Pilze abgießen und grob zerkleinern. Die Möhren schälen. Den Spitzkohl putzen, den Strunk entfernen und den Kohl in Rauten schneiden.

3 Die Zwiebelwürfel in einer Pfanne bei mittlerer Hitze im Öl glasig dünsten. Spitzkohl hinzufügen und die Möhren auf einem feinen Hobel in dünnen Scheiben darüber raspeln. Beides bissfest garen, die Trompetenpilze und die eingeweichten Rosinen mit dem Sherry hinzufügen, mit Salz und Pfeffer würzen. Die Butter hinzufügen und darin schmelzen lassen.

4 Für die Sauce die Chilischote halbieren, entkernen und in feine Streifen schneiden. Die Aprikosenkonfitüre mit 6 EL Wasser erhitzen und durch ein Sieb streichen. Den Reisessig und die Chilistreifen hineingeben, die Sauce vom Herd nehmen und mit Salz abschmecken.

5 Das Spitzkohlgemüse auf warmen Tellern verteilen, die Fasanenbrüste und Speckstücke darauf anrichten. Mit der Sauce beträufeln.

» Trompetenpilze, auch Herbsttrompeten genannt, sind dunkel bis schwarz und wachsen auf Laubwaldböden. Anstelle der Trompetenpilze kann man auch getrocknete Mu-Err-Pilze verwenden. Dafür die getrockneten Pilze 10 Minuten in Wasser köcheln lassen, in ein Sieb abgießen und weiterverarbeiten. «

Wildhacksteaks

Für die Wildhacksteaks:
1 EL schwarze Pfefferkörner
je 1 TL Piment- und Koriander-körner, Wacholderbeeren, Kardamom und getrocknete Chilischoten
½ zerbröselte Zimtrinde
150 ml Milch
2 Semmeln (Brötchen)
1 kleine Zwiebel · Öl zum Braten
je 180 g Hackfleisch von Reh, Schwein und Kalb
1 großes Ei
1 Msp fein gehackte Schale einer unbehandelten Orange · Salz
1 Msp fein gehackter frischer Ingwer

Für 4 Personen

1. Pfeffer-, Piment- und Korianderkörner, Wacholderbeeren, Kardamom, Chilischoten sowie Zimtrinde in eine Mühle füllen.

2. Die Milch über die Semmeln geben und einweichen lassen. Die Semmeln gut ausdrücken und klein hacken. Die Zwiebel schälen, in kleine Würfel schneiden und in einer Pfanne in 1 EL Öl glasig dünsten.

3. Reh-, Schweine- und Kalbshackfleisch mit den Semmeln, dem Ei, der Orangenschale und den Zwiebeln mischen und mit Salz, Ingwer und der Gewürzmischung aus der Mühle würzen.

4. Mit nassen Händen Hacksteaks daraus formen und in einer Pfanne bei mittlerer Hitze im Öl von beiden Seiten hell bräunen. Auf Küchenpapier abtropfen lassen.

5. Als Vorspeise die Wildhacksteaks etwas kleiner formen und auf mariniertem Feldsalat servieren.

Geschmorte Wildhasenkeulen mit Schokoladen-Kirsch-Chutney

Für das Fleisch:
½ TL Pimentkörner
½ TL schwarze Pfefferkörner
1 Sternanis · 1 cm Zimtrinde
5 Wacholderbeeren
400 ml Rotwein · 1 EL Zucker
4 Wildhasenkeulen (küchenfertig)

Für die Sauce:
1 Möhre · 1 Zwiebel
120 g Knollensellerie
Salz · Pfeffer aus der Mühle
2 EL Öl · 1 TL Tomatenmark
¼ l Geflügelbrühe · 1 Lorbeerblatt
je 1 Streifen unbehandelte Orangen- und Zitronenschale
1 Thymianzweig
1 Scheibe frischer Ingwer
30 g kalte Butter

Für das Chutney:
60 g Zwiebel
100 g Knollensellerie
1 EL Öl
je 50 ml Rotwein und Portwein
⅛ l Sauerkirschsaft
1 leicht gehäufter EL Pektin (12 g)
50 g Zucker · 2 cm Zimtrinde
1 Scheibe frischer Ingwer
300 g halbierte, entsteinte Kirschen (aus dem Glas)
1 EL geraspelte Zartbitter-Kuvertüre

Für 4 Personen

1. Für die Marinade Piment, Pfeffer, Sternanis, Zimt und die etwas angedrückten Wacholderbeeren in einem Topf ohne Fett leicht anrösten, Rotwein und Zucker hinzufügen und 5 Minuten leicht köcheln lassen. Die Marinade abkühlen lassen, die Hasenkeulen hineinlegen und darin zugedeckt im Kühlschrank 1 Tag marinieren.

2. Für die Sauce Möhre, Zwiebel und Sellerie schälen und in grobe Stücke schneiden. Die Hasenkeulen mit der Marinade in ein Sieb geben, gut abtropfen lassen, Marinade auffangen und die Gewürze aufbewahren. Die Keulen trockentupfen, salzen und pfeffern und in einem Topf bei milder Hitze im Öl von allen Seiten hell anbraten.

3. Die Keulen wieder herausnehmen und das Gemüse im Topf leicht andünsten. Tomatenmark dazugeben und gut vermischen, mit einem Drittel der Marinade ablöschen und sirupartig reduzieren lassen. Den Vorgang mit der restlichen Marinade wiederholen. Die Brühe dazugießen, die Keulen wieder hineinlegen und alles bei milder Hitze knapp 1½ Stunden schmoren lassen. 20 Minuten vor Garzeitende Piment, Pfeffer, Sternanis, Zimt und Wacholder wieder hineingeben. Zum Schluss Lorbeerblatt, Orangen- und Zitronenschale, Thymian und Ingwer einlegen, kurz ziehen lassen und wieder entfernen.

4. Die Keulen herausnehmen und warm halten, den Schmorsud mit dem Gemüse durch ein Sieb gießen, das Gemüse dabei etwas ausdrücken. Die Sauce auf gewünschte Konsistenz einreduzieren, die Butter in kleinen Stückchen hineingeben und darin schmelzen lassen.

5. Für das Chutney Zwiebel und Sellerie schälen und in kleine Würfel schneiden. In einem kleinen Topf bei mittlerer Hitze im Öl andünsten. Mit Rotwein und Portwein ablöschen und mit dem Kirschsaft auffüllen. Das Pektin mit Zucker vermischen, unter die lauwarme Flüssigkeit rühren und 5 Minuten leicht köcheln lassen. Zimt, Ingwer und Kirschen hineingeben, kurz aufkochen, vom Herd nehmen und lauwarm abkühlen lassen. Zum Schluss Zimt und Ingwer wieder entfernen und die Kuvertüreraspel hineinrühren.

6. Die Wildhasenkeulen mit der Schmorsauce und dem Chutney auf vorgewärmten Tellern anrichten. Dazu passen frische Spätzle.

Geräucherter Rehrücken auf Rosenkohlblättersalat

Für das Fleisch:

1 TL Pimentkörner
½ TL schwarze Pfefferkörner
½ TL Wacholderbeeren
dünne Schalen von je ½ unbehandelten Orange und Zitrone
1 TL Rosmarinnadeln
2 EL Zucker · 1 gehäufter EL Salz
500 g Rehrückenfilet (küchenfertig)
1 EL Öl · 4 EL Räuchermehl

Für das Dressing:

50 ml Gemüsebrühe
1 EL Rotweinessig
1 TL scharfer Senf · 2 EL Walnussöl
Salz · Pfeffer aus der Mühle · Zucker

Für den Salat:

2 EL Perlgraupen · Salz
150 g Pilze (z. B. Champignons, Steinpilze oder Pfifferlinge)
1 EL Öl · Pfeffer aus der Mühle
¼ reife Mango · 250 g Rosenkohl
etwas frisch geriebene Muskatnuss

Für die Sauce:

150 g Crème fraîche
Saft von ½ Orange
1 TL Zitronensaft · 1 EL Walnussöl
Salz · 1 Prise Cayennepfeffer
1 EL frische Schnittlauchröllchen

Für 4 Personen

1 Für das Fleisch die Piment- und Pfefferkörner grob zerstoßen, die Wacholderbeeren etwas andrücken, Orangen- und Zitronenschale klein schneiden und alles mit Rosmarinnadeln, Zucker und Salz mischen. Das Filet damit gleichmäßig bestreuen, etwas festdrücken und zugedeckt in einer Schüssel etwa 1 Tag im Kühlschrank ziehen lassen, öfters wenden.

2 Am nächsten Tag die Gewürzmischung vom Rehrücken entfernen, das Fleisch trockentupfen und in einer Pfanne bei kleiner Hitze im Öl etwa 3 Minuten rundherum leicht anbraten. Einen breiten Topf mit Alufolie auslegen und das Räuchermehl darauf streuen. Ein passendes Dämpf- oder Kuchengitter darauf setzen, den Deckel auflegen und den Topf bei mittlerer Temperatur erhitzen, bis leichter Rauch aufsteigt. Dann den Rehrücken auf das Gitter legen und gut 10 Minuten im geschlossenen Topf räuchern.

3 Für das Dressing Brühe, Essig, Senf und Öl in einer Salatschüssel verrühren und mit Salz, Pfeffer und 1 Prise Zucker abschmecken.

4 Für den Salat die Graupen in einem Sieb waschen und abtropfen lassen. In reichlich Salzwasser in etwa 45 Minuten weich köcheln, durch ein Sieb gießen und abkühlen lassen. Die Pilze putzen und vierteln, in einer Pfanne bei mittlerer Hitze im Öl kurz anbraten, salzen und pfeffern. Die Mango schälen und in kleine Scheiben schneiden.

5 Den Rosenkohl putzen und in die einzelnen Blätter zerteilen. In Salzwasser bissfest blanchieren und noch warm in das Dressing geben. Pilze, Graupen und Mangoscheiben zum Rosenkohl geben, vorsichtig vermischen und mit Muskatnuss würzen.

6 Für die Schnittlauchsauce die Crème fraîche mit Orangen- und Zitronensaft verrühren, das Walnussöl hineinrühren, mit Salz und Cayennepfeffer abschmecken, zuletzt den Schnittlauch hinzufügen.

7 Den Rosenkohlsalat auf Tellern verteilen, den Rehrücken in dünne Scheiben schneiden und auf den Salat legen. Die Schnittlauchsauce als Dip zu dem Fleisch reichen.

» Räuchermehl ist in Geschäften für Fischereibedarf erhältlich. «

Geschmorte Wildschweinschulter

Für das Fleisch:

1 Wildschweinschulter (2,5–3 kg)
2 mittelgroße Zwiebeln
1 Möhre · 150 g Knollensellerie
Salz · Pfeffer aus der Mühle
3 EL Öl · 1 TL Puderzucker
1 TL Tomatenmark
2 EL Cognac
6 EL roter Portwein
½ l Rotwein
400 ml Geflügelbrühe

Für die Sauce:

½ TL schwarze Pfefferkörner
½ TL Korianderkörner
2 Wacholderbeeren · 1 Gewürznelke
1 kleines Lorbeerblatt
1 halbierte Knoblauchzehe
je 1 Streifen unbehandelte Zitronen- und Orangenschale
1 Thymianzweig
30 g kalte Butter
1 TL gehackte Zartbitter-Schokolade
Salz

Für die Birnen:

1 reife, feste Birne
2 TL Puderzucker · 20 g Butter

Für 4 Personen

1. Für das Fleisch den Ofen auf 180 °C vorheizen. Den Knochen der Wildschweinschulter auslösen und klein hacken (kann vom Metzger vorbereitet werden). Die Knochenstücke auf einem Blech im vorgeheizten Ofen in 30 Minuten trocknen lassen. Das Gemüse schälen und grob zerkleinern. Den Ofen auf 140 °C herunterschalten.

2. Das Wildschweinfleisch salzen, pfeffern und in einem Bräter im Öl rundherum anbraten. Herausnehmen und das Öl abgießen. Den Puderzucker hineinstäuben, karamellisieren und die gebräunten Knochen dazugeben. Das Tomatenmark hineinrühren und mit dem Cognac, dem Portwein und einem Drittel vom Wein ablöschen. Alles sirupartig reduzieren lassen und den Vorgang mit Wein noch zweimal wiederholen. Zum Schluss die Gemüsestücke hinzufügen, die Brühe dazugießen und das Fleisch darauf legen.

3. Die Wildschweinschulter im vorgeheizten Ofen zugedeckt in etwa 2½ Stunden weich schmoren. Dabei häufig mit Bratensaft begießen. 30 Minuten vor Garzeitende Pfeffer, Koriander, angedrückte Wacholderbeeren, Gewürznelke und Lorbeerblatt hinzufügen.

4. Die fertige Schulter aus dem Bräter nehmen und warm stellen. Die Sauce durch ein grobes Sieb in einen kleinen Topf gießen, das Gemüse dabei etwas ausdrücken.

5. Die Sauce erwärmen, Knoblauch, Zitronenschale, Orangenschale und Thymian hinzufügen und einige Minuten darin ziehen lassen. Die Sauce nochmals durchsieben, die Butter mit der Schokolade darin schmelzen lassen und die Sauce mit Salz abschmecken.

6. Für die Birnen das Obst waschen, schälen, halbieren, in dünne Spalten schneiden und das Kerngehäuse entfernen. In einer Pfanne bei milder Hitze den Puderzucker karamellisieren, die Birnenspalten darin anbraten. Zum Schluss die Butter dazugeben und schmelzen lassen.

7. Das Fleisch in Scheiben schneiden, mit der Sauce auf warmen Tellern anrichten und die Birnenspalten daneben legen. Dazu passen Spätzle.

» Sehr gut schmeckt die Sauce, wenn Sie kurz vor dem Servieren ein paar frische Heidelbeeren dazugeben. «

Kartoffeln & Nudeln

Wissenswertes zu Kartoffeln

EINKAUF

■ Kochtypen

Kartoffeln werden neben den Sorten in drei Kochtypen unterteilt: fest kochende, vorwiegend fest kochende und mehlig kochende Kartoffeln. Was die Kartoffelsorten betrifft, hat jede Region unterschiedliche Sorten auf dem Markt. Einheimische Frühkartoffeln – je nach Sorte von Juni bis Ende August auf dem Markt – sind nur bedingt lagerfähig.

■ Einkaufskriterien

Achten Sie beim Kartoffelkauf auf eine feste, gleichmäßig geformte, schwere Knolle, ohne Grün- und Schwarzfärbungen. Bei Frühkartoffeln sollte sich die Haut leicht mit den Fingern abreiben lassen. Im Allgemeinen gelten die Kartoffelsorten mit gelbem Fruchtfleisch als die geschmacksintensivsten.

LAGERUNG

Lagerkartoffeln halten sich am besten an einem kühlen (8 bis 10 °C), dunklen und trockenen Ort. Wer keinen kühlen Raum hat, kann kleine Mengen 2 bis 3 Wochen in einer Papiertüte im Kühlschrank, nicht jedoch bei Zimmertemperatur in der Küche aufbewahren. Kartoffeln sollten nicht in der Nähe von Zwiebeln gelagert werden, da sie dadurch schneller faulen bzw. verderben.

Mein Tipp:

»Bratkartoffeln, Knödel und Gnocchi gelingen am besten mit gekochten und ausgedampften Kartoffeln. Dafür Kartoffeln ein paar Stunden vorher kochen.«

VERARBEITUNG

Die verschiedenen Kochtypen eignen sich für unterschiedliche Zubereitungsarten.

■ Fest kochende Kartoffeln

Fest kochende Sorten enthalten am meisten Feuchtigkeit, sind stärkearm, haben eine dünne Schale und die längste Garzeit. Sie eignen sich als Pell- oder Bratkartoffeln sowie für Salate.

■ Vorwiegend fest kochende Kartoffeln

Vorwiegend fest kochende Kartoffeln sind mittelfest und passen gut zu Saucengerichten.

■ Mehlig kochende Kartoffeln

Bei mehlig kochenden Kartoffeln ist der Stärkegehalt höher, die Konsistenz weicher und die Garzeit kürzer. Sie bieten sich an für Püree, Eintöpfe oder Knödel.

■ Frittieren

Alle Kochtypen eignen sich zum Frittieren, dabei am besten größere Knollen verwenden.

Pellkartoffeln vor dem Kochen gründlich unter Wasser abbürsten.

Je nach Rezept Kartoffeln schälen, schwarz-grüne Stellen entfernen.

Geschälte Kartoffeln kann man bis zu 2 Stunden in Wasser lagern.

Wissenswertes zu Nudeln

EINKAUF

Generell unterscheidet man zwischen Hartweizen- und Eiernudeln, daneben gibt es ein immer größeres Angebot an asiatischen Teigwaren.

■ Qualität bei Nudeln

Auch beim Kauf von Nudeln sollte man auf Qualität achten. Hochwertige Nudeln werden meist aus Quellwasser, Hartweizengrieß und Meersalz hergestellt. Wichtig ist vor allem, dass Nudelteig ohne Luftblasen geknetet und gleichmäßig gepresst wird und dass die Nudeln anschließend schonend von außen nach innen trocknen können. Mittlerweile gibt es bei uns eine Auswahl hochwertig hergestellter Nudeln.

■ Nudelmenge pro Person

Bei getrockneten Nudeln rechnet man für eine Vorspeise 60 g pro Person und für ein Hauptgericht 100 bis 120 g pro Person. Bei frischen Nudeln geht man von einer Zubereitungsmenge Mehl von 300 g für 4 Personen aus.

Mein Tipp:

»Zum Erwärmen von vorgekochten Nudeln diese nicht in heißes Wasser tauchen, sondern in etwas Brühe oder der jeweiligen Sauce kurz erhitzen.«

LAGERUNG

Industriell getrocknete Nudeln sind beinahe unbegrenzt haltbar. Man sollte sie am besten an einem trockenen Ort aufbewahren. Frische, selbst gemachte Nudeln eignen sich weniger zur Lagerung, daher möglichst am gleichen Tag verbrauchen. Gefüllte rohe Nudeln, wie z. B. Ravioli, sowie gekochte, abgekühlte Nudeln können auch eingefroren werden.

VERARBEITUNG

■ Nudeln kochen

Frische Nudeln immer nur kurz in siedendem Salzwasser gar ziehen lassen. Getrocknete Nudeln kann man sehr gut im Voraus zubereiten. Dazu die Nudeln in Salzwasser bissfest kochen, auf einem Sieb abtropfen, kurz abdampfen lassen und mit 1 EL Olivenöl vermengen. Die ausgekühlten Nudeln halten sich so zugedeckt im Kühlschrank bis zu 3 Tagen.

■ Welche Sauce passt zu welchen Nudeln?

Nicht jede Nudel passt zu jeder Sauce. Im Allgemeinen serviert man kurze, gerillte und röhrenförmige Nudeln zu herzhaften, reichhaltigen Saucen mit Gemüse- oder Fleischstücken. Schmale, längliche Nudeln passen eher zu dünnen, glatten Sahnesaucen.

Nudeln in Salzwasser bissfest kochen, dabei ab und zu umrühren.

Nudeln durch ein Sieb abgießen und gut ausdampfen lassen.

Kurz vor dem Servieren die Nudeln mit der Sauce mischen.

Grundrezepte

Kartoffelpüree

Zutaten für 4 Personen als Beilage:
1 kg Kartoffeln
Salz
1/4 l Milch
50 g Butter in kleinen Stücken
frisch geriebene Muskatnuss

Zubereitung:

1 Kartoffeln schälen, waschen und in Salzwasser weich kochen. Die Milch erhitzen. Die Kartoffeln durch ein Sieb gießen, noch heiß durch eine Kartoffelpresse drücken und die heiße Milch langsam auf die Kartoffeln geben. So viel Milch unterrühren, bis das Püree sämig und locker ist. Falls das Püree zu fest ist, noch etwas heiße Milch dazugeben.

2 Zum Schluss die kalten Butterstücke vorsichtig in das warme Püree unterrühren. Das Püree sollte nicht zu kräftig und zu lange gerührt werden, da es sonst klebrig wird. Mit etwas Salz und frisch geriebener Muskatnuss abschmecken.

» Das Kartoffelpüree kann auch mit etwas brauner Butter (siehe S. 122) verfeinert werden, dafür einen Teil der kalten Butter weglassen. «

Püree mit Speck und Endiviensalat

Zutaten für 4 Personen als Beilage:
4–6 Scheiben durchwachsener Speck
1 EL Öl
1/2 Kopf Endiviensalat
1 Grundrezept Kartoffelpüree (siehe links)
50 g braune Butter (siehe S. 122; dafür im Grundrezept 30 g Butter weglassen)
frisch geriebene Muskatnuss
Salz

Zubereitung:

1 Die Speckscheiben in einer Pfanne bei mittlerer Hitze im Öl kross anbraten, auf Küchenpapier abtropfen lassen und in 1 cm breite Stücke schneiden.

2 Den Salat waschen, gut abtropfen lassen und in dünne Streifen schneiden. Den Speck und die Salatstreifen unter das warme Kartoffelpüree heben und mit brauner Butter, Muskatnuss und Salz abschmecken.

» Statt des Endiviensalats kann man auch Rucola oder Bärlauch in das Püree geben. «

Püree mit Knoblauch und Olivenöl

Zutaten für 4 Personen als Beilage:
15–20 ungeschälte Knoblauchzehen
80 ml Olivenöl (dafür im Grundrezept 30 g Butter weglassen)
8 eingelegte getrocknete Tomaten
1 frischer Rosmarinzweig
1 Streifen unbehandelte Zitronenschale
1 Grundrezept Kartoffelpüree (siehe links) · Salz

Zubereitung:

1 Ofen auf 160 °C vorheizen. Die Knoblauchzehen 30 Minuten im Ofen auf einem Blech schmoren, bis sie weich sind. Die Zehen aus der Schale lösen. Mit einem Stabmixer den Knoblauch und das Olivenöl pürieren.

2 Die getrockneten Tomaten abtropfen lassen und in dünne Streifen schneiden. Die Rosmarinnadeln abzupfen und mit der Zitronenschale fein hacken.

3 Die Öl-Knoblauch-Mischung langsam unter das warme Püree rühren und Tomaten, Rosmarin und Zitronenschale dazugeben. Mit Salz abschmecken.

» Die Öl-Knoblauch-Mischung in einem dünnen Strahl in das Püree geben und nicht zu kräftig oder zu lange rühren, da sonst das Püree klebrig wird. Statt Rosmarin passt auch Thymian dazu. «

Bröselkartoffeln

Zutaten für 4 Personen als Beilage:
800 g Kartoffeln
Salz
3 EL Öl
1 frischer Rosmarinzweig
1 ungeschälte Knoblauchzehe
100 g frisch geriebene Semmelbrösel oder Mie de pain (siehe S. 21)
30 g Butter

Zubereitung:

1 Kartoffeln schälen, waschen und in 1 bis 2 cm große Würfel schneiden. In Salzwasser bissfest kochen, abtropfen und abkühlen lassen.
2 Die Kartoffelwürfel in einer Pfanne bei mittlerer Hitze im Öl mit dem Rosmarinzweig und der Knoblauchzehe hell anbraten.
3 Die Semmelbrösel über die Kartoffeln streuen, gut durchschwenken, Butter dazugeben und goldgelb rösten. Rosmarin und Knoblauch entfernen, die Bröselkartoffeln nochmals mit Salz abschmecken und servieren.

» Zum Schluss mit frisch gehackten Kräutern bestreuen. «

Kartoffelgratin

Zutaten für 4 Personen (als Hauptgericht mit einem kleinen Salat):
600 g Kartoffeln
120 g Knollensellerie
1 Zwiebel
120 g Möhren
4 Scheiben durchwachsener Speck
400 g Sahne
Salz · Pfeffer aus der Mühle
1 Prise frisch geriebene Muskatnuss
Butter für die Form
100 g frisch geriebener Emmentaler (oder anderer Hartkäse)

Zubereitung:

1 Den Ofen auf 170 bis 180 °C vorheizen. Kartoffeln, Sellerie, Zwiebel und Möhren schälen und alles in etwa 1 cm große Würfel schneiden. Speck in 1 cm breite Streifen schneiden.
2 In einer großen Schüssel die Gemüsewürfel mit den Speckstreifen und der Sahne mischen, mit Salz, Pfeffer und Muskatnuss abschmecken.
3 Die Gratinmischung in eine entsprechend große, gebutterte Auflaufform füllen, mit dem Käse bestreuen und im vorgeheizten Ofen in 30 bis 40 Minuten goldbraun backen, bis das Gemüse weich ist.

» Für ein etwas leichteres Gratin die Hälfte der Sahne durch die gleiche Menge Milch ersetzen. «

Pommes frites

Zutaten für 4 Personen als Beilage:
1 kg große Kartoffeln
Öl zum Frittieren
Salz

Zubereitung:

1 Kartoffeln schälen, in 1 cm breite und 6 bis 7 cm lange Stäbchen schneiden. Die Kartoffelstäbchen in kaltes Wasser legen.
2 Das Öl in einem großen Topf oder in der Fritteuse auf 160 bis 170 °C aufheizen.
3 Die Kartoffelstäbchen aus dem Wasser nehmen und mit einem Küchentuch sorgfältig trocknen. Im heißen Öl in 3 Portionen jeweils zuerst 5 bis 6 Minuten frittieren, bis die Stäbchen weich sind. Aus dem Öl nehmen und abtropfen lassen.
4 Das Öl auf 190 °C erhitzen und die Kartoffelstäbchen ein zweites Mal 1 bis 2 Minuten goldbraun und knusprig frittieren. Die fertigen Pommes frites aus dem Öl nehmen, auf Küchenpapier abtropfen lassen und salzen.

» Sehr fein geschnittene Kartoffelscheiben (Chips) oder dünne Kartoffelstäbchen (Streichholz-Kartoffeln) braucht man nur einmal bei 160 bis 170 °C goldbraun frittieren. Während des Frittierens die Kartoffelstäbchen ab und zu bewegen, damit sie nicht aneinander haften. «

Grundrezepte

Nudeln kochen

■ Nudeln bissfest kochen
Die Nudeln in reichlich Salzwasser bissfest kochen, dabei gelegentlich umrühren, damit die Nudeln nicht zusammenkleben. Eine Zugabe von Öl ist nicht notwendig.

■ Durch ein Sieb gießen
Die Nudeln durch ein Sieb abgießen. Dabei nicht mit Wasser abspülen, da sonst die Stärkehülle der Nudeln entfernt wird.

■ Nudeln mit Öl mischen
Die gekochten Nudeln auf einer sauberen Arbeitsplatte oder einem Backblech ausbreiten, kurz ausdämpfen lassen, sofort mit etwas Öl vermischen und abkühlen lassen. Das Öl sorgt zusammen mit der Stärkehülle dafür, dass die Nudeln gegen Feuchtigkeitsaufnahme geschützt sind und die Sauce besser an den Nudeln haften bleibt. Zugedeckt im Kühlschrank halten sich die Nudeln so mehrere Tage.

■ Nudeln wieder aufwärmen
Zum Erwärmen die Nudeln nicht in heißes Wasser tauchen, sondern in einer Pfanne oder einem flachen Topf bei mittlerer Temperatur mit etwas Gemüsebrühe erhitzen. Die Brühe kann mit 1 Scheibe Knoblauch und Cayennepfeffer gewürzt werden. Mit Salz abschmecken und entweder etwas Butter oder Olivenöl dazugeben und servieren. Käse, wie z. B. frisch geriebenen Parmesan, und gehackte Kräuter immer erst zum Schluss zu den Nudeln geben. Die Nudeln können auch in der jeweiligen Sauce wieder erwärmt werden. Falls die Sauce zu dickflüssig ist, zuerst mit etwas Brühe verdünnen, da die Nudeln viel Flüssigkeit aufnehmen.

Scharfe Sauce aus kandierten Tomaten

Zutaten für 4 Personen:
Für die kandierten Tomaten:
1 kg reife Tomaten
Olivenöl für das Blech
1 TL Puderzucker
Salz
Pfeffer aus der Mühle
1 Knoblauchzehe
1 Rosmarinzweig
2 EL Olivenöl
Für die Sauce:
80 ml Olivenöl
1 mittelscharfe Chilischote
1 Rosmarinzweig
etwa 800 g gekochte Nudeln
Salz
Pfeffer aus der Mühle

Zubereitung:

1 Die Stielansätze der Tomaten herausschneiden und die Tomaten mit kochendem Wasser überbrühen. In Eiswasser abschrecken und die Tomaten häuten. Tomaten über einem Sieb vierteln und entkernen, dabei die Flüssigkeit auffangen und beiseite stellen.

2 Die Tomatenfilets auf ein geöltes Backblech geben. Den Backofen auf 100 °C vorheizen. Die Tomaten mit Puderzucker bestäuben, salzen und pfeffern.

3 Die Knoblauchzehe schälen, in Scheiben schneiden und mit einigen Rosmarinnadeln auf den Tomaten verteilen. Die Tomaten mit Olivenöl beträufeln und im vorgeheizten Ofen etwa 1 bis 2 Stunden trocknen bzw. kandieren lassen.

4 Für die Sauce den aufgefangenen Tomatensaft und das Olivenöl mit dem Stabmixer gut vermischen. Die Chilischote halbieren, entkernen und in Streifen schneiden.

5 Die Sauce in einer Pfanne leicht erhitzen, Chilistreifen, einige gehackte Rosmarinnadeln, die gekochten Nudeln und die kandierten Tomaten dazugeben. Alles gut vermischen und mit Salz und Pfeffer abschmecken.

» Zu dieser scharfen Tomatensauce passen sehr gut Penne. «

Pikante Gemüsesauce

Zutaten für 4 Personen:

Für die Sauce:

1 kleine Zwiebel
½ Fenchelknolle
2 Stangen Staudensellerie
1 geschälte Knoblauchzehe
2 EL Olivenöl
ein paar Safranfäden
1 TL Hummerbutter
1 EL Anislikör (z. B. Pernod)
2 EL trockener Wermut
(z. B. Noilly Prat)
1 EL Currypulver
⅛ l Gemüsebrühe
2 EL Sahne
1 Prise Cayennepfeffer
Salz

Für die Einlage:

etwa 800 g gekochte Nudeln
12 Scampi (geschält und entdarmt)
Salz
Pfeffer aus der Mühle
1 EL Öl

Zubereitung:

1 Die Zwiebel schälen und in kleine Würfel schneiden. Fenchel und Sellerie putzen und in kleine Würfel schneiden.
2 Die Knoblauchzehe hacken und mit dem Gemüse in einer Pfanne bei mittlerer Hitze im Öl 3 bis 4 Minuten andünsten.
3 Die Safranfäden und die Hummerbutter zum Gemüse geben, mit Anis und Wermut ablöschen und mit dem Currypulver würzen. Das Gemüse mit der Brühe aufgießen, etwas reduzieren lassen und die Sahne dazugeben.
4 Die gekochten Nudeln zur Sauce geben und erhitzen. Mit Cayennepfeffer und etwas Salz abschmecken.
5 Die Scampi salzen und pfeffern, in einer Pfanne bei mittlerer Hitze im Öl auf jeder Seite 1 bis 2 Minuten anbraten und zu den Nudeln servieren.

» Die pikante Gemüsesauce schmeckt sehr gut mit Farfalle. «

Kräuter-Meerrettich-Pesto

Zutaten für 4 Personen:

250 g Blattspinat
150 g frische Petersilie
Salz
1 Bund Basilikum
1 gehackte Knoblauchzehe
2 EL Sahnemeerrettich
100 ml Olivenöl
etwa 800 g gekochte Nudeln
etwas frisch geriebener Meerrettich

Zubereitung:

1 Die Spinat- und Petersilienblätter von den Stielen zupfen, gründlich waschen und in Salzwasser kurz blanchieren. In Eiswasser abschrecken, in einem Sieb abtropfen und mit den Händen gut ausdrücken.
2 Basilikumblätter mit Spinat, Petersilie, Knoblauch, Sahnemeerrettich und Olivenöl in einem Mixer pürieren. Wird das Pesto gleich verwendet, mit Salz abschmecken.
3 Die gekochten Nudeln mit dem Pesto in einer Pfanne bei mittlerer Hitze erhitzen, durchschwenken und mit etwas frisch geriebenem Meerrettich bestreuen und servieren.

» Das Kräuter-Meerrettich-Pesto eignet sich besonders gut für Spaghetti. «

Kartoffelgulasch

Für das Gulasch:

500 g Kartoffeln
1 mittelscharfe rote Chilischote
3/4 l Gemüsebrühe
1 kleines Lorbeerblatt
etwas Cayennepfeffer
1 Zwiebel
je 1 rote, grüne und gelbe Paprikaschote
1 EL Olivenöl
1 TL Tomatenmark
1 EL Paprikapulver (edelsüß)
Salz · Pfeffer aus der Mühle

Für das Gulaschgewürz:

2 Knoblauchzehen
1 Streifen unbehandelte Zitronenschale
1 TL ganzer Kümmel
1 TL Majoran
1/2 TL Salz

Für 4 Personen

1 Für das Gulasch die Kartoffeln waschen, schälen und in 2 cm große Würfel schneiden. Die Chilischote längs halbieren und entkernen. Die Brühe in einem Topf erhitzen, das Lorbeerblatt und die Chilischote hinzufügen und die Kartoffelwürfel darin in 20 bis 30 Minuten weich köcheln lassen.

2 Die Flüssigkeit vorsichtig abgießen, Chilischote und Lorbeerblatt dabei entfernen. Den Kartoffelsud mit 50 g von den Kartoffelwürfeln pürieren und durch ein Sieb passieren, nach Geschmack mit Cayennepfeffer nachwürzen. Die restlichen Kartoffelwürfel beiseite stellen.

3 Die Zwiebel schälen und in etwa 1 1/2 cm große Würfel schneiden. Die Paprikaschoten halbieren, waschen und Stielansätze und Kerne herausschneiden. Mit einem Kartoffelschäler die Paprikastücke abschälen, dann in gleich große Rauten schneiden.

4 Die Zwiebelwürfel in einem Topf bei kleiner Hitze im Öl glasig dünsten, die Paprika dazugeben und 2 bis 3 Minuten mitdünsten lassen. Das Tomatenmark hineinrühren und kurz darin anschwitzen. Das Paprikapulver darüber streuen und das Gemüse mit dem gebundenen Kartoffelsud auffüllen.

5 Für das Gulaschgewürz den Knoblauch schälen und fein hacken. Die Zitronenschale ebenfalls fein hacken. Den Kümmel ohne Fettzugabe in einer Pfanne anrösten. Alle Gewürze und das Salz mithilfe eines Messerrückens oder mit einem Mörser zu einer nicht zu groben Paste zerdrücken.

6 Das Kartoffelgulasch mit der Gewürzpaste würzen und nochmals 5 bis 10 Minuten ziehen lassen. Die restlichen Kartoffelwürfel hineingeben und mit Salz und Pfeffer abschmecken. Nach Geschmack mit Petersilie garnieren.

» Die Gewürzmischung passt sehr gut zu klassischem Rindergulasch oder zu deftigen Bohnen- oder Gemüseeintöpfen. «

Gefüllte Gnocchi mit Kräutern

Für die Gnocchimasse:
600 g Kartoffeln
Salz
25 g braune Butter (siehe S. 122)
2 Eigelb
55 g Mehl
55 g Speisestärke
etwas frisch geriebene Muskatnuss

Für die Füllung:
3 EL frische Kräuter
(z. B. Petersilie, Basilikum, Kerbel oder Bärlauch; grob gehackt)
Mehl zum Bestäuben
Salz
etwas Öl

Zum Anrichten:
50 g braune Butter (siehe S. 122)
1 EL frische Salbeiblätter (grob gehackt)
1–2 EL frisch geriebener Parmesan

Für 4 Personen

1 Für die Gnocchimasse die Kartoffeln waschen, in Salzwasser weich kochen, abgießen, schälen, durch eine Kartoffelpresse drücken und gut abkühlen lassen. Die braune Butter erwärmen und mit dem Eigelb unter etwa 500 g durchgedrückte Kartoffeln mischen. Mehl und Speisestärke sieben und zuletzt locker unter die Kartoffeln kneten. Mit Salz und Muskatnuss würzen.

2 Für die Füllung ein Viertel der Gnocchimasse abnehmen und mit den Kräuter verkneten.

3 Zum Fertigstellen der Gnocchi die restliche Gnocchimasse zu mehreren Rollen von etwa 2 cm Dicke formen, dabei mit Mehl bestäuben. Die Rollen flach drücken. Die Kräutergnocchimasse mit etwas Mehl zu dünneren Rollen in gleicher Länge formen und auf die Kartoffelgnocchibahnen legen. Diese über dem Kräuterteig zusammenlegen und etwas andrücken. Etwas nachformen, leicht mit Mehl bestäuben und mit einem Messer in 1 bis 2 cm dicke Stücke schneiden.

4 Die Kräutergnocchi portionsweise in kochendes Salzwasser geben, an die Oberfläche steigen lassen und noch weitere 2 Minuten im Wasser gar ziehen lassen. Mit einer Schaumkelle herausnehmen, in kaltem Wasser abschrecken, gut abtropfen lassen und, falls nötig, mit etwas Öl mischen, damit sie nicht aneinander kleben.

5 Zum Anrichten die braune Butter mit dem Salbei in einer Pfanne bei mittlerer Hitze erwärmen, Gnocchi hineingeben, erhitzen und mit frisch geriebenem Parmesan auf vorgewärmten Tellern anrichten.

» Gnocchi kann man sehr gut im Voraus zubereiten. Die gekochten Gnocchi mit etwas Öl vermischen und auf einem Blech oder einer großen Platte ausgebreitet zugedeckt in den Kühlschrank stellen. So kann man die Gnocchi bis zu 2 Tage aufbewahren. «

Abgeschmolzene Kartoffelmaultaschen mit Röstzwiebeln

Für die Füllung:
1/3 Salatgurke, Salz
1 Knoblauchzehe
300 g Quark
50 g milder Blauschimmelkäse
1 EL frische Petersilie (grob gehackt)
1 Prise Cayennepfeffer

Für den Kartoffelteig:
900 g Kartoffeln · Salz
1/2 TL ganzer Kümmel
50 g braune Butter (siehe S. 122)
2 Eigelb
200 g Mehl · 50 g Grieß
etwas frisch geriebene Muskatnuss

Für die Maultaschen:
Mehl zum Ausrollen
1 verquirltes Ei
Grieß zum Bestreuen

Für die Röstzwiebeln:
2 Zwiebeln
1 EL Öl
50 g Butter

Zum Anrichten:
Salz
1 EL frische Petersilie (grob gehackt)

Für 4 Personen

1 Für die Füllung die Gurke schälen, längs halbieren, entkernen und in möglichst kleine Würfel schneiden. Kurz in kochendem Salzwasser blanchieren, in Eiswasser abschrecken und gut abtropfen lassen. Den Knoblauch schälen und klein hacken. Den Quark in ein feinmaschiges Küchentuch geben, das Tuch drehen, den Quark dabei kräftig ausdrücken. Den Blauschimmelkäse in kleine Würfel schneiden und mit dem Quark, den Gurken, dem Knoblauch und der Petersilie verrühren. Mit Salz und Cayennepfeffer herzhaft abschmecken.

2 Für den Kartoffelteig die Kartoffeln waschen, in Salzwasser mit dem Kümmel weich kochen, abgießen, etwas abdampfen lassen, schälen, durch eine Kartoffelpresse drücken und vollkommen abkühlen lassen. Die Butter schmelzen lassen und mit dem Eigelb unter etwa 750 g Kartoffelmasse mischen. Mehl und Grieß unterkneten und den Kartoffelteig mit Salz und Muskatnuss würzen.

3 Für die Maultaschen den Teig auf einer bemehlten Fläche etwa 3 mm dick ausrollen, dabei mit Mehl bestäuben, damit der Teig nicht klebt. Mit einem Plätzchenausstecher etwa 5 bis 7 cm große Teigplättchen ausstechen und von der Füllung jeweils 1 TL in die Mitte setzen. Die Ränder des Teiges mit wenig verquirltem Ei dünn bestreichen, über der Füllung zusammenfalten und etwas andrücken. Die Maultaschen bis zum Kochen auf ein mit Grieß bestreutes Brett setzen.

4 Für die Röstzwiebeln die Zwiebeln schälen, in Ringe schneiden und in einer Pfanne bei mittlerer Hitze im Öl bräunen, dann die Butter darin schmelzen lassen.

5 Zum Fertigstellen die Maultaschen in siedendes Salzwasser geben. Wenn die Maultaschen an die Oberfläche steigen, noch weitere 2 Minuten im Wasser gar ziehen lassen. Mit einer Schaumkelle herausheben, auf warmen Tellern anrichten, die Röstzwiebeln darüber verteilen und mit Petersilie bestreut servieren.

Kartoffeln im Salzbett mit Dips

Für die Kartoffeln:
2 kg Meersalz · 4 große Kartoffeln
3 Lorbeerblätter · 4 Rosmarinzweige

Für den Zucchini-Crevetten-Dip:
150 g Crème fraîche
1 Msp abgeriebene Schale einer unbehandelten Zitrone
1 EL Orangensaft
1 TL Cognac · 1 EL Ketchup
1 Prise Cayennepfeffer
Salz · 1 Prise Zucker
120 g Zucchini · 100 g Crevetten

Für den Käsedip:
½ Zwiebel · 100 g Aubergine
1 ½ kleine rote Paprikaschoten
2 EL Öl · 2 Scheiben Knoblauch
1 Thymianzweig
Salz · Pfeffer aus der Mühle
50 g durchwachsener Speck
50 g Quark · 80 g Sahne
120 g Crème fraîche
100 g Camembert (in Würfeln)
1 Prise gemahlener Kümmel
1 EL frische Schnittlauchröllchen

Für den Avocado-Tomaten-Dip:
1 EL Rosinen · 2 EL Orangensaft
1 reife Avocado · 1 reife Tomate
¼ kleine Zwiebel · 3 EL Olivenöl
1 EL Mandelstifte · ½ Knoblauchzehe · je 1 TL Zimtrinde, Szechuanpfeffer, Kardamom und getrocknete Chilischote · 1 EL Zitronensaft
1 Prise Muskatblüte · Salz

Für 4 Personen

1 Etwa ein Drittel vom Meersalz in einer Auflauf- oder Springform gleichmäßig verteilen. Backofen auf 200 °C vorheizen. Kartoffeln gründlich waschen, trockentupfen und auf das Salzbett legen. Mit dem restlichen Meersalz großzügig bedecken. Lorbeer und Rosmarin auf dem Salz verteilen. Kartoffeln im Ofen etwa 1 Stunde backen, bis sie weich sind, dann aus dem Salz heben und überschüssiges Salz entfernen. Noch heiß mit der Gabel aufbrechen und mit den Dips servieren.

2 Für den Zucchini-Crevetten-Dip die Crème fraîche mit Zitronenschale, Orangensaft, Cognac und Ketchup verrühren und mit Cayenne, Salz und Zucker abschmecken. Die Zucchini waschen, in ½ bis 1 cm große Würfel schneiden. Die Crevetten in einem Sieb waschen, abtropfen lassen. Zucchini, Crevetten und Sauce vermischen.

3 Für den Käsedip die Zwiebel schälen, Stielansätze von Aubergine und Paprika entfernen, Paprika entkernen. Das ganze Gemüse in kleine Würfel schneiden, in einer Pfanne mit 1 EL Öl, Knoblauch und Thymian andünsten. Gewürze wieder entfernen und das Gemüse mit Salz und Pfeffer würzen. Den Speck in kleine Würfel schneiden, in einer Pfanne in 1 EL Öl kross braten und abtropfen lassen. Quark, Sahne und Crème fraîche in einer Schüssel glatt rühren. Gemüse, Camembertwürfel und Speck unterrühren, mit Salz, Pfeffer und Kümmel würzen. Mit Schnittlauchröllchen bestreuen.

4 Für den Avocado-Tomaten-Dip die Rosinen im Orangensaft einweichen. Avocado schälen, Stein entfernen und das Fruchtfleisch in knapp 1 cm große Würfel schneiden. Den Stielansatz der Tomate entfernen, Tomate überbrühen, in Eiswasser abschrecken, häuten, vierteln, entkernen und in kleine Würfel schneiden. Zwiebel schälen, in kleine Würfel schneiden und in 1 EL Olivenöl andünsten. Mandelstifte ohne Fett in einer Pfanne rösten. Knoblauchzehe fein hacken. Die Gemüsewürfel mit Mandeln, eingeweichten Rosinen und Knoblauch vermischen. Zimt, Szechuanpfeffer, Kardamom und Chilischoten in eine Mühle füllen. Den Dip mit 2 EL Olivenöl, Zitronensaft, Muskatblüte, den Gewürzen aus der Mühle und Salz abschmecken.

» Das Salzbett kann aufbewahrt und wieder verwendet werden. Es eignet sich zum Garen von Kartoffeln, aus denen Teige wie Kartoffelknödel oder Gnocchi gemacht werden. Die Kartoffeln garen dabei nicht so wässrig wie beim Kochen, und die Teige werden homogener. «

Kartoffel-Marmorkuchen

Für den hellen Kartoffelteig:
450 g Kartoffeln · Salz
½ TL abgeriebene Schale einer unbehandelten Orange
3 EL Wodka
3 EL Rosinen
130 g weiche Butter
200 g Zucker
Mark von ½ Vanilleschote
1 Msp Zimtpulver
8 Eigelb · 8 Eiweiß
Salz
220 g fein geriebene geschälte Mandeln
1 TL Backpulver (gesiebt)

Für den dunklen Kartoffelteig:
2 EL Kakaopulver
2 EL fein gehackte Zartbitter-Kuvertüre

Zum Fertigstellen:
Butter und Semmelbrösel für die Form
Puderzucker zum Bestäuben

Für 4 Personen

1 Für den Teig die Kartoffeln am besten am Tag vorher waschen, in Salzwasser kochen, schälen und über Nacht abkühlen lassen. Am nächsten Tag die Kartoffeln fein reiben. Die Orangenschale mit dem Wodka verrühren und die Rosinen darin einweichen.

2 Die Butter mit einem Drittel des Zuckers, Vanillemark und Zimtpulver schaumig rühren. Nach und nach das Eigelb hinzufügen und alles zu einer hellschaumigen Masse rühren.

3 Das Eiweiß mit dem übrigen Zucker und 1 Prise Salz zu einem festen, glänzenden Schnee schlagen. Die geriebenen Kartoffeln mit Mandeln und Backpulver vermischen und abwechselnd mit dem Eischnee unter die Butter-Eigelb-Masse ziehen. Backofen auf 175 °C vorheizen.

4 Für den dunklen Kartoffelteig das Kakaopulver durchsieben und mit der gehackten Kuvertüre vermischen. Ein Drittel der Kartoffelmasse abnehmen, Kakao-Schoko-Mischung dazugeben und unterheben. In die restliche Kartoffelmasse die Rosinen mit der Einweichflüssigkeit geben.

5 Eine Kastenform mit Butter einstreichen und mit Semmelbröseln bestreuen. Beide Massen abwechselnd einfüllen und eine Gabel spiralförmig durch den Teig ziehen. Den Kartoffel-Marmorkuchen im vorgeheizten Ofen 1 Stunde backen. Den Kuchen abkühlen lassen und zum Servieren mit Puderzucker bestäuben.

» Für dieses Rezept sollten keine neuen Frühkartoffeln verwendet werden, da sie zu wässrig sind und der Kuchen deshalb zu klebrig wird. Am besten schmeckt der Kuchen, wenn er am ersten Tag verzehrt wird. «

Kartoffel-Knoblauch-Gröstl mit Rostbratwürstel

Für das Gröstl:
600 g Kartoffeln · Salz
1 ½ TL ganzer Kümmel
600 g frischer junger Knoblauch
3 EL Öl · 1 Prise Majoran
Pfeffer aus der Mühle

Für die Würstel:
300 g Rostbratwürstel
1 EL Öl

Zum Anrichten:
100 ml Kalbssauce (siehe S. 55)
1 EL frische Schnittlauchröllchen

Für 4 Personen

1 Für das Gröstl die Kartoffeln waschen, in Salzwasser mit 1 TL Kümmel kochen, schälen, abkühlen lassen und in Scheiben schneiden. Den Stiel vom zarten, jungen Knoblauch abschneiden, die äußere Schale entfernen und die ganzen Knollen in Scheiben schneiden.

2 In einer Pfanne 2 EL Öl erhitzen, die Kartoffeln darin hell anbraten, mit ½ TL Kümmel, Majoran, Salz und Pfeffer würzen. In einer anderen Pfanne den jungen Knoblauch in 1 EL Öl anbraten, leicht salzen und dann zu den Kartoffeln geben.

3 Für die Würstel die Rostbratwürstel in einer Pfanne von beiden Seiten im Öl bräunen.

4 Zum Anrichten die Kalbssauce erhitzen. Das Kartoffel-Knoblauch-Gröstl auf warmen Tellern verteilen und die Würstel darauf legen. Die Sauce über das Gröstl träufeln, mit Schnittlauch bestreut servieren.

Salat aus Buchweizen-Spaghetti mit Schinken, Melone und Minze

Für den Salat:
150 g Parmaschinken
(in dünnen Scheiben)
¼ Honigmelone
¼ Melone (Cavaillon, Charentais)
1 Büffel-Mozzarella · 1 Minzezweig
400 g Buchweizen-Spaghetti · Salz
5 EL Olivenöl · ⅛ l Gemüsebrühe
3 EL alter Balsamicoessig
Pfeffer, Kardamom und
Piment aus der Mühle

Für 4 Personen

1 Den Schinken in dünne Streifen schneiden. Die Melonen entkernen, in Spalten schneiden, schälen und in kleine Stücke schneiden. Den Mozzarella abtropfen lassen und in 1 cm große Würfel schneiden. Die Minzeblätter abzupfen und in breite Streifen schneiden.

2 Die Spaghetti in reichlich Salzwasser bissfest kochen, in ein Sieb abgießen, kurz abdampfen lassen und mit 1 EL Olivenöl vermengen.

3 Die Brühe mit dem Essig und dem restlichen Öl zu einem Dressing verrühren. Buchweizen-Spaghetti, Schinken, Melonen, Mozzarella und Minze mit dem Dressing mischen und den Salat mit Salz, Pfeffer, frisch gemahlenem Kardamom und Piment abschmecken.

Rigatoni mit Salami, Zuckerschoten und weißer Pfeffersauce

Für die Sauce:
1 EL schwarze Pfefferkörner
2 EL Öl
1 TL Puderzucker
2 EL Cognac
1/8 l Geflügelbrühe
100 g Sahne
30 g kalte Butter
Salz
etwas frisch geriebene Muskatnuss
etwas Cayennepfeffer

Für die Nudeln:
150 g Zuckerschoten
Salz · 400 g Rigatoni
2 EL Olivenöl
150 g Shiitake-Pilze · 1 EL Öl
150 g Salami
1/2 Knoblauchzehe
1 Scheibe frischer Ingwer
Pfeffer aus der Mühle
etwas frisch geriebene Muskatnuss

Für 4 Personen

1 Für die Sauce die Pfefferkörner grob zerstoßen, den feinen Staub absieben und den Schrot im nicht zu heißen Öl kurz anrösten. Auf einem Sieb abtropfen lassen. In einem Topf den Puderzucker bei mittlerer Hitze karamellisieren. Mit Cognac ablöschen und den angerösteten Pfeffer dazugeben. Mit Brühe auffüllen, die Sahne dazugießen und das Ganze 15 bis 20 Minuten leicht reduzieren lassen. Die Pfeffersauce durch ein Sieb gießen und die kalte Butter in Flöckchen dazugeben. Mit Salz, Muskatnuss und nach Geschmack etwas Cayenne abschmecken.

2 Für die Nudeln die Zuckerschoten waschen und die Enden abschneiden. Die Schoten halbieren, in Salzwasser bissfest blanchieren, in Eiswasser abschrecken und auf einem Sieb abtropfen lassen. Die Nudeln in reichlich Salzwasser bissfest kochen. In ein Sieb abgießen, etwas abdampfen lassen und mit 2 EL Olivenöl vermengen.

3 Die Shiitake-Pilze putzen, vierteln und in einer Pfanne bei mittlerer Hitze im Öl anbraten. Die Salami in Scheiben schneiden, halbieren und zu den Pilzen in die Pfanne geben. Den Knoblauch schälen, in feine Scheiben schneiden und mit dem Ingwer in der Pfanne mitdünsten lassen. Zum Schluss die Rigatoni und die Zuckerschoten hinzufügen, nochmals erhitzen und das Ganze mit Pfeffer, Salz und Muskatnuss abschmecken.

4 Zum Servieren die weiße Pfeffersauce mit dem Stabmixer aufschäumen und über die Nudeln verteilen.

»Am besten eignen sich feine Salamisorten. Anstelle von Schweine-Salami kann man auch Rinder- oder Gams-Salami verwenden.«

Pappardelle mit Kaninchenragout

Für die Nudeln:
350 g Pappardelle
Salz · 1 EL Olivenöl

Für das Ragout:
2 Kaninchenkeulen
400 ml Geflügelbrühe
150 g Zucchini · 2 Schalotten
1 EL Öl · 80 ml trockener Weißwein
1 kleines Lorbeerblatt
3 Pimentkörner
50 g Sahne · 30 g kalte Butter
1–2 TL scharfer Senf
1 Streifen unbehandelte Zitronenschale
1 geschälte, halbierte Knoblauchzehe
je einige Tropfen halbtrockener Sherry und Zitronensaft
etwas Cayennepfeffer
1 TL frisch gehackter Estragon

Zum Anrichten:
100 ml Geflügelbrühe · 20 g Butter
Salz · Cayennepfeffer

Für 4 Personen

1 Für die Nudeln die Pappardelle in reichlich Salzwasser bissfest kochen. In ein Sieb abgießen, etwas abdampfen lassen und mit dem Olivenöl vermengen.

2 Für das Ragout die Kaninchenkeulen in einem Topf mit der Brühe bedeckt in etwa 40 Minuten knapp unter dem Siedepunkt gar ziehen lassen. Die Keulen herausnehmen und etwas abkühlen lassen, das Fleisch von den Knochen lösen und in Würfel schneiden.

3 Die Zucchini waschen, den Stielansatz entfernen und die Zucchini in 5 mm große Würfel schneiden. Die Schalotten schälen, in kleine Würfel schneiden und in einem Topf bei milder Hitze im Öl glasig dünsten. Mit Weißwein ablöschen, das Lorbeerblatt und die Pimentkörner dazugeben und mit der Kaninchenkochbrühe aufgießen. 10 Minuten knapp unter dem Siedepunkt ziehen lassen. Die Gewürze wieder entfernen und Sahne hinzufügen. Butter und Senf dazugeben und die Sauce mit einem Stabmixer aufschäumen. Zitronenschale und Knoblauch dazugeben und 5 Minuten darin ziehen lassen, wieder herausnehmen. Das Kaninchenfleisch und die Zucchiniwürfel hineingeben und darin erhitzen. Das Ragout mit Sherry, Zitronensaft, Salz und Cayennepfeffer abschmecken, zum Schluss Estragon dazugeben.

4 Zum Servieren die Nudeln in der Brühe mit Butter erhitzen, mit Salz und Cayennepfeffer abschmecken und auf vorgewärmte Teller anrichten. Das Kaninchenragout darüber verteilen.

Rote-Bete-Ravioli mit Mohnbutter

Für die Füllung:
3 Rote Beten (à etwa 150 g)
Salz · 1/2 TL ganzer Kümmel
20 g Butter
Pfeffer aus der Mühle
1 Prise fein gehackter Thymian

Für den Nudelteig:
200 g Mehl · 100 g Grieß
2 Eier · 2 Eigelb
2 EL Olivenöl · Salz

Für die Ravioli:
Mehl zum Ausrollen
Grieß zum Bestreuen

Zum Fertigstellen:
Salz · 80 g Butter
1 EL Mohn
Pfeffer aus der Mühle

Für 4 Personen

1 Für die Füllung die Rote Beten unter fließendem Wasser gründlich bürsten und in reichlich Salzwasser mit Kümmel weich kochen. Schälen und in möglichst kleine Würfel schneiden. In einer Pfanne die Butter schmelzen, die Rote-Bete-Würfel hineingeben, darin schwenken, mit Salz, Pfeffer und Thymian würzen, abkühlen lassen.

2 Für den Nudelteig Mehl, Grieß, Eier, Eigelb, Öl und 1 Prise Salz zu einem glatten, elastischen Teig verkneten. In Frischhaltefolie wickeln und bei Zimmertemperatur mindestens 30 Minuten ruhen lassen.

3 Für die Ravioli mithilfe eines Nudelholzes oder einer Nudelmaschine den Teig dünn ausrollen, dabei etwas mit Mehl bestäuben. Dünn mit Wasser bestreichen oder besprühen und auf eine Hälfte des Teiges im Abstand von 8 cm je 1 EL Rote-Bete-Würfel setzen. Die zweite Teighälfte möglichst glatt darüber legen, beide Teigplatten um die Füllung herum gut festdrücken. Mit einem großen Plätzchenausstecher Ravioli ausstechen, bis zum Kochen auf ein mit Grieß bestreutes Brett setzen.

4 Zum Fertigstellen die Ravioli in reichlich Salzwasser bissfest kochen. Die Butter mit Mohn in einer Pfanne bei milder Hitze hell bräunen und die Ravioli darin schwenken. Mit Salz und Pfeffer abschmecken.

Fusilli mit grünen Bohnen und Oliven

Für die Fusilli:
200 g grüne Bohnen · Salz
150 g Champignons
70 g entsteinte schwarze und grüne Oliven
200 g Putenschinken
400 g Fusilli · 5 EL Olivenöl
1/8 l Gemüsebrühe
1 EL kalte Butter
1 gehackte Knoblauchzehe
Pfeffer aus der Mühle
1 Prise getrocknetes Bohnenkraut

Für 4 Personen

1 Von den Bohnen die Enden abschneiden, die Bohnen in 2 bis 3 cm lange Stücke schneiden, in Salzwasser blanchieren, in Eiswasser abschrecken und abtropfen lassen. Die Champignons putzen und in Scheiben schneiden, die Oliven halbieren und den Schinken in 3 cm lange Streifen schneiden.

2 Die Nudeln in Salzwasser bissfest kochen, in ein Sieb abtgießen, etwas abdampfen lassen und mit 1 EL Olivenöl vermengen.

3 In einem Topf die Brühe mit dem restlichen Olivenöl und der Butter erwärmen, die Nudeln mit Bohnen, Champignons, Oliven und Schinken darin erhitzen, den Knoblauch unterrühren und die Nudeln mit Salz, Pfeffer und Bohnenkraut würzen.

Lasagne mit Spinat und arabischen Gewürzen

Für den Nudelteig:
125 g Mehl · 50 g Hartweizengrieß
1 Ei · 1 Eigelb · 1 EL Olivenöl · Salz
Mehl zum Ausrollen
einige schöne Petersilienblätter zum Dekorieren

Für die Gewürzmischung:
1 TL Kardamomkörner
1 TL Kreuzkümmel
2 cm Zimtrinde
1 TL kleine getrocknete Chilischoten
1 TL schwarze Pfefferkörner

Für die Füllung:
600 g Wurzelspinat · Salz
2 reife, feste Birnen
150 g halbfester, würziger Bergkäse
1 Zwiebel · 20 g Butter
½ Knoblauchzehe · 50 g Sahne
1 Prise frisch gemahlene Muskatnuss
150 g durchwachsener Speck (in Scheiben) · 1 EL Öl

Für die Lasagne:
Salz · Fett für Blech und Form

Für die Sauce:
⅛ l Kalbssauce (siehe S. 55)
40 g braune Butter (siehe S. 122)
30 g kalte Butter
1 Streifen unbehandelte Zitronenschale
ein paar Tropfen Zitronensaft

Für 4 Personen

1 Für den Nudelteig Mehl, Grieß, Ei, Eigelb, Öl und 1 Prise Salz zu einem festen, glatten Teig verkneten. In Frischhaltefolie 30 Minuten ruhen lassen. Den Teig mithilfe eines Nudelholzes oder einer Nudelmaschine in dünne Platten ausrollen, dabei mit Mehl bestäuben. Eine Platte aufbewahren, die restlichen Platten in 5 x 6 cm große Rechtecke schneiden. Bis zur Verwendung auf bemehlte Tüchern legen.

2 Die übrige Nudelplatte auf einer Seite gleichmäßig mit 4 Petersilienblättern belegen, die zweite Seite darüber klappen. Nochmals durch die Nudelmaschine rollen, in vier 5 x 6 cm große Nudelplatten teilen.

3 Die Gewürze in eine Mühle füllen, Zimtrinde dabei etwas zerbröseln.

4 Für die Füllung den Spinat putzen, waschen und kurz in Salzwasser blanchieren. In Eiswasser abschrecken, auf einem Sieb abtropfen lassen und mit den Händen gut ausdrücken. Die Birnen waschen und der Länge nach in dünne Scheiben schneiden, sodass die Birnenform noch gut erkennbar ist, das Kerngehäuse, falls nötig, entfernen. Den Bergkäse in kleine Würfel schneiden. Die Zwiebel schälen, in Würfel schneiden und in einer Pfanne bei milder Hitze mit 10 g Butter andünsten. Den Knoblauch fein hacken, mit Spinat und Sahne zu den Zwiebelwürfeln geben, mit Salz und Muskatnuss würzen. Birnenscheiben in einer Pfanne mit der restlichen Butter von beiden Seiten sanft anbraten. Die Speckscheiben in 1 EL Öl in einer Pfanne kross braten.

5 Die Lasagneplatten in Salzwasser 1 bis 2 Minuten bissfest garen und auf einem gefetteten Blech abkühlen lassen. Die Petersilien-Nudelplatten erst kurz vor dem Anrichten kochen.

6 Den Backofen auf 120 °C vorheizen. Eine Auflaufform mit Butter bestreichen. Jeweils mehrere Schichten Nudelplatten, Spinat, Birnen, Speck und Käsewürfel zu 4 kleinen Portionen Lasagne nebeneinander in die Form aufschichten, jeweils mit der Käseschicht abschließen. Die einzelnen Schichten großzügig aus der Gewürzmühle würzen. Die Lasagne im Ofen 10 Minuten überbacken, bis der Käse geschmolzen ist. Herausnehmen, jeweils mit 1 gegarten Petersilienplatte zudecken.

7 Für die Sauce die Kalbssauce erhitzen, braune und kalte Butter dazugeben und mit dem Stabmixer aufschäumen. Zitronenschale kurz einlegen und wieder entfernen, die Sauce mit Zitronensaft abschmecken.

Nudelfleckerl mit Rettich und Trüffel

Für die Nudeln:
250 g Mehl · 100 g Hartweizengrieß
1 Ei · 4 Eigelb · 2 EL Olivenöl · Salz
Mehl zum Ausrollen

Für die Sauce:
1/8 l Gemüsebrühe · 125 g Sahne
einige Tropfen Trüffelöl
20 g kalte Butter

Für die Einlage:
400 g Rettich · frischer schwarzer Trüffel (geputzt; 1–2 g pro Person)
1 Prise frisch geriebene Muskatnuss
1 Prise Cayennepfeffer
1 EL frische Schnittlauchröllchen

Für 4 Personen

1 Für die Nudeln Mehl, Grieß, Ei, Eigelb, Olivenöl und 1 Prise Salz zu einem glatten Teig kneten, in Frischhaltefolie gewickelt bei Zimmertemperatur etwa 30 Minuten ruhen lassen. Mit einem bemehlten Nudelholz oder einer Nudelmaschine den Teig dünn ausrollen und in etwa 2 cm große Quadrate schneiden.

2 Für die Sauce in einer Pfanne die Brühe mit der Sahne aufkochen und reduzieren. Ein paar Tropfen Trüffelöl dazugeben und die kalte Butter in der Sauce schmelzen lassen.

3 Für die Einlage Rettich schälen und in dünne Streifen schneiden. In Salzwasser blanchieren, abtropfen lassen und in die Sauce geben.

4 Die Nudelfleckerl in Salzwasser gar kochen, in einem Sieb abtropfen lassen und mit in die Pfanne geben, alles gut durchschwenken. Den Trüffel mit einem Trüffelhobel fein über die Nudeln raspeln. Mit Salz, Muskat und Cayenne abschmecken und mit Schnittlauch bestreuen.

Schokoravioli mit Apfel-Rosinen-Ragout

Für die Füllung:
125 g Sahne
250 g Zartbitter-Kuvertüre

Für den Schoko-Ravioliteig:
200 g Mehl · 70 g Kakaopulver
1 EL Puderzucker
3 Eier · Salz
1 Msp Vanillemark
3–4 EL Öl

Für den weißen Ravioliteig:
200 g Mehl · 1 EL Puderzucker
1 Ei · 2 Eigelb · Salz
1 Msp Vanillemark
1 EL Öl · Mehl zum Ausrollen
1 Eiweiß zum Bestreichen

Für das Apfel-Rosinen-Ragout:
1 EL Rosinen · 4 EL Calvados
2 Äpfel · 1 EL Puderzucker
100 ml Apfelsaft
½ Zimtrinde
2 Streifen unbehandelte Orangenschale
20 g Butter

Für das Nudelwasser:
Zucker · Salz

Für 4 Personen

1 Für die Füllung die Sahne einmal aufkochen, die Kuvertüre klein hacken und in eine Schüssel geben. Die heiße Sahne über die Kuvertüre gießen. 1 Minute stehen lassen und dann zu einer glatten Masse rühren. Im Kühlschrank, am besten über Nacht, fest werden lassen.

2 Für den Schoko-Ravioliteig Mehl mit Kakao, Puderzucker, Eiern, 1 Prise Salz, Vanillemark und Öl zu einem glatten Teig verkneten, in Frischhaltefolie bei Zimmertemperatur 30 Minuten ruhen lassen. Den weißen Ravioliteig ebenso herstellen und ebenfalls ruhen lassen.

3 Die Teige mithilfe einer Nudelmaschine oder auf einer bemehlten Arbeitsfläche mit dem Nudelholz zu gleichmäßig breiten Bahnen dünn ausrollen. Eiweiß mit einer Gabel verquirlen. Mit einem Pinsel die weißen Teigbahnen möglichst dünn mit Eiweiß bestreichen. Darauf im Abstand von etwa 3 cm mit einem Teelöffel kleine Portionen der Schokofüllung setzen. Die Schoko-Teigbahnen darüber legen, beide Teigplatten um die Füllung herum gut festdrücken und mit einem Teigrad viereckige Ravioli ausschneiden oder mit einem Plätzchenausstecher runde Ravioli ausstechen. Auf bemehlte Tücher legen.

4 Für das Apfel-Rosinen-Ragout die Rosinen in 2 EL Calvados einweichen. Die Äpfel waschen, halbieren, das Kerngehäuse entfernen und die Äpfel in Spalten schneiden. Apfelspalten mit dem Puderzucker in einer Pfanne karamellisieren, mit dem restlichen Calvados ablöschen und mit dem Apfelsaft aufgießen. Die Zimtrinde kurz mitköcheln lassen und wieder herausnehmen. Die Orangenschalen in feine Streifen schneiden und in die Sauce geben. Zum Schluss die Butter hineingeben und darin schmelzen lassen.

5 Ausreichend Wasser für die Ravioli zum Sieden bringen, etwas Zucker und Salz hineingeben. Die Ravioli portionsweise in 2 bis 3 Minuten im siedenden Wasser gar ziehen lassen, herausnehmen und in der Pfanne mit dem Apfel-Rosinen-Ragout durchschwenken und servieren.

» Man kann die Ravioli auch nur mit einem Teig zubereiten. Wird der Schokoteig zu fest, kneten Sie am besten noch etwas Wasser darunter. «

Eier & Milchprodukte

Wissenswertes zu Eiern

EINKAUF

Eier sollten möglichst frisch, mit einer sauberen und unversehrten Schale gekauft werden. Weiße und braune Eier stammen von verschiedenen Hühnerrassen, die Farbe hat allerdings keinen Einfluss auf den Geschmack und sagt nichts über die Haltungsform aus.

■ Eiermenge pro Person

Für eine Vorspeise rechnet man 1 bis 2 Eier pro Person, für ein Hauptgericht, z. B. für ein Omelett, geht man von 3 Eiern pro Person aus. In Rezepten wird 1 Eigelb mit 20 g und 1 Eiweiß mit 30 g berechnet.

LAGERUNG

Eier an einem sehr kühlen Ort oder im Kühlschrank lagern. Um den Feuchtigkeitsverlust und das Eindringen fremder Aromen durch die poröse Schale zu minimieren, die Eier am besten im Eierkarton oder in einem gut schließenden Gefäß aufbewahren. Nicht nahe bei stark riechenden Lebensmitteln, wie z. B. Käse, lagern.

Mein Tipp:

»Richtig aufgeschlagenes Eiweiß kann sein Volumen bis zu verachtfachen. Daher sollte man von vornherein eine ausreichend große Schüssel, am besten aus Metall, verwenden.«

■ Haltbarkeit

Die Haltbarkeit der Eier hängt davon ab, wie frisch sie beim Einkauf waren, maximal beträgt sie 3 Wochen. Hart gekochte Eier halten sich gut gekühlt bis zu 10 Tage. Aufgeschlagene Eier zugedeckt im Kühlschrank lagern und wie Eigelb noch am selben Tag verbrauchen. Eiweiß ist zugedeckt im Kühlschrank mehrere Tage haltbar.

■ Eier einfrieren

Aufgeschlagene Eier und Eiweiß können bis zu 4 Monate eingefroren werden. Nach dem Auftauen sofort verarbeiten.

VERARBEITUNG

■ Eier und Eigelb schlagen

Ganze Eier sowie Eigelb zusammen mit anderen Zutaten, wie Zucker, am besten über dem heißen Wasserbad mit dem Handrührgerät oder Schneebesen aufschlagen, bis alles eine voluminöse hellgelbe Masse ist. Durch den Zucker wird die Masse stabiler und dient so als Basis für Kuchen und Desserts.

■ Eischnee schlagen

Eiweiß und Geräte müssen zum Aufschlagen vollkommen fettfrei sein. Am Anfang langsam schlagen, dann die Schnelligkeit erhöhen, bis die Spitzen des Eischnees stehen bleiben.

Jedes Ei einzeln trennen, damit kein Eigelb ins Eiweiß gelangt.

Das Eiweiß am Anfang langsam, dann schneller aufschlagen.

Durch die Zugabe von Zucker wird der Eischnee stabiler.

Grundrezepte

Country-Ei zum Frühstück

Zutaten für 4 Personen:

1 Bund Schnittlauch
1 Bund Lauchzwiebeln
4 Scheiben Speck
1 TL Öl
8 Eier
1 EL scharfer Senf
1 TL Worcestersauce
Salz
1 EL braune Butter (siehe S. 122)
1 Prise frisch gemahlener Kardamom

Zubereitung:

1 Schnittlauch waschen, trocknen und in 1 cm lange Röllchen schneiden. Lauchzwiebeln putzen, waschen und schräg in dünne Scheiben schneiden.
2 Den Speck in einer Pfanne bei mittlerer Hitze im Öl kross braten. Auf einem Küchenpapier abtropfen lassen und in 1 cm breite Stücke schneiden.
3 Jeweils 2 Eier in einer Schüssel aufschlagen, mit Schnittlauch, Lauchzwiebeln, Speck, Senf, Worcestersauce und Salz würzen, mit einer Gabel verquirlen und in ein Weckglas füllen.
4 Die 4 Gläser mit dem Deckel schließen und die Eier im siedenden Wasserbad bei mittlerer Hitze 10 bis 15 Minuten stocken lassen. Zum Schutz der Gläser ein Pergamentpapier unter die Gläser stellen.
5 Ab und zu umrühren und zum Schluss mit brauner Butter und Kardamom abschmecken. Sofort servieren.

» Die Eier können je nach Belieben auch mit anderen Zutaten, wie z. B. frisch gehackter Petersilie, gekochtem Schinken, Käse usw., zubereitet werden. «

Gebackenes pochiertes Ei

Zutaten für 4 Personen:

Für die Eier:
2–3 EL Essig
8 möglichst frische Eier

Für die Panade:
2 Eier
4 EL doppelgriffiges Mehl
1 Thymianzweig
Salz · Pfeffer aus der Mühle
1 Prise frisch geriebene Muskatnuss
6 EL frisch geriebene Semmelbrösel oder Mie de pain (siehe S. 21)
8 EL Öl zum Ausbacken

Zubereitung:

1 In einem Topf 2 Liter Wasser mit dem Essig bei mittlerer Hitze zum Sieden bringen.
2 Das Wasser mit einem Kochlöffel kreisförmig rühren und die Eier nacheinander in die Bewegung hineingleiten lassen.
3 Die Hitze reduzieren, sodass das Wasser gerade nicht mehr siedet, und die Eier 4 Minuten darin ziehen lassen.
4 Die pochierten Eier herausnehmen, in Eiswasser abschrecken, ausgefranstes Eiweiß abschneiden und die Eier vorsichtig mit einem Küchenpapier abtrocknen.
5 Für die Panade die Eier mit dem Mehl zu einem zähflüssigen Brei verquirlen. Die Blättchen vom Thymian zupfen und mit Salz, Pfeffer, Muskatnuss zu der Eier-Mehl-Mischung geben.
6 In einen tiefen Teller füllen. Semmelbrösel ebenfalls in einen tiefen Teller geben und die Eier nacheinander zuerst in der Eier-Mehl-Mischung, dann in den Semmelbröseln rundherum panieren.
7 Die Eier in einer Pfanne bei mittlerer Hitze im heißen Öl goldbraun backen. Auf einem Küchenpapier abtropfen und salzen.

» Die pochierten Eier kann man gut im Voraus zubereiten und erst kurz vor dem Servieren panieren und ausbacken. Dazu passt gut ein gemischter Salat mit kross gebratenem Speck. «

Soufflé

Zutaten für 4 Personen:
250 g Quark
125 g saure Sahne
3 Eier
75 g Puderzucker (gesiebt)
1 EL Speisestärke (gesiebt)
20 g Vanillepuddingpulver (gesiebt)
weiche Butter und Kristallzucker für die Form
etwas Puderzucker

Zubereitung:

1 In ein tiefes Backblech 2 cm hoch Wasser füllen, das Blech auf die mittlere Schiene des Backofens schieben und den Ofen auf 180 °C vorheizen.
2 Quark und saure Sahne glatt verrühren. Eier trennen. Eigelb mit Puderzucker und der Quark-Sahne-Mischung glatt rühren.
3 Eiweiß mit Stärke und Vanillepuddingpulver cremig rühren, mit der Eigelbmasse verrühren.
4 Die ausgebutterten und gezuckerten Souffléförmchen zu drei Viertel voll füllen und mit einem Löffel glatt streichen.
5 Die Soufflés im heißen Wasserbad im vorgeheizten Ofen 20 bis 25 Minuten backen, bis die Soufflés aufgegangen und goldbraun sind. Aus dem Ofen nehmen, mit Puderzucker bestäuben und sofort servieren.

» Zu den Soufflés passen eine leichte Vanillesauce und gemischte Beeren oder eine frische Fruchtsauce aus Aprikosen. «

Pfannkuchen

Zutaten für 4 Personen:
100 g Mehl (gesiebt)
Salz
1 EL Zucker
3 Eier · 250 g Milch
50 g flüssige, lauwarme Butter
Öl oder geklärte Butter (siehe rechts) zum Ausbacken
etwas Puderzucker

Zubereitung:

1 Das Mehl mit 1 Prise Salz und dem Zucker in eine Schüssel geben.
2 In einer anderen Schüssel die Eier kurz aufschlagen und mit der Mehlmischung gut verrühren. Die Milch langsam dazugießen und alles zu einem glatten Teig verarbeiten.
3 Zum Schluss die flüssige Butter dazugeben. Den Teig 30 Minuten zugedeckt ruhen lassen.
4 Eine Pfanne bei mittlerer Temperatur erhitzen, dünn mit Öl oder geklärter Butter auspinseln und nacheinander die Pfannkuchen goldbraun ausbacken. Mit Puderzucker bestäuben und je nach Geschmack süß füllen.

» Für salzige Pfannkuchen den Zucker durch etwas frisch geriebene Muskatnuss und Pfeffer ersetzen, außerdem frisch gehackte Kräuter, wie z. B. Petersilie, Kerbel und Thymian, dazugeben. Zum Schluss nicht mit Puderzucker bestäuben. «

Geklärte Butter

Für die geklärte Butter die gewünschte Buttermenge in einem kleinen Topf bei milder Hitze flüssig werden lassen. Den sich auf der Oberfläche bildenden weißen Schaum mit einem Löffel abschöpfen. Das Butterfett anschließend vorsichtig durch ein mit Küchenpapier ausgelegtes Sieb gießen, sodass der milchige Bodensatz im Topf bleibt. Die geklärte Butter sollte eine klare goldene Farbe haben. Geklärte Butter ist höher erhitzbar und länger haltbar als ungeklärte Butter, weil sie keine Eiweißbestandteile mehr enthält. Ersatzweise kann man dafür auch Butterschmalz verwenden.

Braune Butter (Nussbutter)

Für braune Butter in einem kleinen Topf die gewünschte Buttermenge bei mittlerer Hitze langsam schmelzen lassen, bis sie goldbraun ist und ein nussiges Aroma hat. Den Topf vom Herd nehmen und die Butter durch ein mit Küchenpapier ausgelegtes Sieb gießen. Die braune Butter kann auf Vorrat zubereitet werden und hält sich zugedeckt mehrere Wochen im Kühlschrank.

Rahmschmarrn mit karamellisierten Äpfeln

Für den Schmarrn:

4 Eier
100 g Crème fraîche
1 Prise Vanillemark
1 EL Rum
50 g Mehl (gesiebt)
Salz
50 g Zucker
30 g Butter
1–2 EL Puderzucker (gesiebt)

Für die Äpfel:

2 Äpfel
1 EL Puderzucker
20 g Butter
4 EL Calvados
je 1 Streifen unbehandelte Zitronen- und Orangenschale
2 cm Zimtstange

Für 4 Personen

1 Für den Schmarrn die Eier trennen. Das Eigelb in einer Schüssel mit der Crème fraîche, dem Vanillemark, dem Rum und dem Mehl mit dem Handrührgerät zu einem glatten Teig verrühren. Das Eiweiß mit 1 Prise Salz halbfest schlagen. Nach und nach den Zucker einrieseln lassen und das Ganze zu einem steifen Schnee aufschlagen. Den Eischnee in zwei Portionen vorsichtig unter die Eigelbmasse heben, sodass ein luftiger Teig entsteht.

2 Den Ofen auf 170 °C vorheizen. In einer entsprechend großen ofenfesten Pfanne bei milder Hitze die Hälfte der Butter aufschäumen lassen und den Teig etwa 2 cm hoch eingießen. In 1 bis 2 Minuten hell bräunen, dann in den vorgeheizten Ofen stellen und nochmals 5 bis 7 Minuten backen, am besten mit zugeschaltetem Grill.

3 Die Pfanne aus dem Ofen holen und den Pfannkuchen in mundgerechte Stücke zerteilen. Die übrige Butter hinzufügen, den Rahmschmarrn mit dem Puderzucker großzügig bestäuben und in der Pfanne unter Rühren auf dem Herd karamellisieren lassen, anschließend warm halten.

4 Für die karamellisierten Äpfel die Früchte waschen, schälen, vierteln, entkernen und in gleich große Spalten schneiden. Den Puderzucker in einer Pfanne bei mittlerer Hitze karamellisieren lassen. Die Apfelspalten und die Butter dazugeben, durchschwenken und mit Calvados ablöschen. Zitronen- und Orangenschale sowie die Zimtstange in die Pfanne legen, kurz darin ziehen lassen und wieder entfernen.

5 Die Äpfel unter den heißen Rahmschmarrn mischen, nach Belieben nochmals mit etwas Puderzucker bestäuben.

» Der Rahmschmarrn kann noch mit 20 g Rumrosinen verfeinert werden. Dazu die Rosinen bei den Apfelspalten mitschwenken. «

Gebratene Mandel-Nockerl

Für die Sauce:
100 ml Orangensaft
4 EL Portwein
2 EL Zwetschgenwasser
je 1 Streifen unbehandelte Orangen- und Zitronenschale
4 große Pflaumen · 20 g Butter

Für die Nockerl:
4 Eiweiß · Salz
60 g Zucker · 1 TL Vanillezucker
3 Eigelb · 1 EL Mehl
1 gehäufter EL Speisestärke
2 EL geröstete Mandelblättchen
Butter zum Braten

Zum Anrichten:
Puderzucker

Für 4 Personen

1 Für die Pflaumensauce den Orangensaft in einer Pfanne bei mittlerer Hitze um ein Drittel reduzieren, den Portwein, das Zwetschgenwasser und die Zitrusschalen dazugeben und kurz ziehen lassen. Die Pflaumen waschen, halbieren, entsteinen und in Spalten schneiden. Die Pflaumenspalten in der Sauce erhitzen, die Butter hineingeben und darin schmelzen lassen.

2 Für die Nockerl das Eiweiß mit 1 Prise Salz zu einem cremigen Eischnee aufschlagen. Langsam den Zucker und den Vanillezucker einrieseln lassen und 4 bis 5 Minuten weiterschlagen, bis der Eischnee ganz fest ist und glänzt. Nacheinander das Eigelb unter die Masse ziehen. Das Mehl und die Speisestärke sieben und in 2 Portionen vorsichtig unterheben. Zum Schluss die Mandelblättchen unter die Masse heben. Mit einer Teigkarte oder einem großen Löffel Nockerl aus der Masse formen und in einer Pfanne bei milder Hitze in Butter von allen Seiten kurz anbräunen.

3 Zum Anrichten die Nockerl mit etwas Puderzucker bestäuben und mit der warmen Pflaumensauce auf Tellern anrichten.

» Die fertigen Mandel-Nockerl sofort servieren, da sie leicht zusammenfallen. Anstelle der Pflaumensauce passt auch gut eine Fruchtsauce aus frischen Himbeeren oder Aprikosen dazu. «

Sauerrahmkuchen

Für den Teig:
100 g Zucker
175 g Mehl · ½ EL Backpulver
2 Eier · 100 ml Öl
1 Prise Vanillemark
½ TL abgeriebene Schale einer unbehandelten Orange
100 ml Orangenlimonade
weiche Butter und Mehl für die Form
250 g Mandarinenfilets (aus der Dose)

Für den Belag:
250 g saure Sahne
50 g Puderzucker (gesiebt)
600 g steif geschlagene Sahne

Zum Anrichten:
Zimtzucker

Für eine Springform von 28 cm Durchmesser · 1 Tag vorher zubereiten

1. Für den Teig Zucker, Mehl und Backpulver in einer Schüssel gut miteinander vermischen. Die Eier und das Öl mit dem Handrührgerät unterrühren, Vanillemark und die Orangenschale dazugeben. Zum Schluss die Limonade in den Teig geben und glatt rühren.
2. Den Ofen auf 180 °C vorheizen. Die Springform mit weicher Butter ausstreichen, das Mehl hineinstäuben und durch leichtes Klopfen gut verteilen. Den Teig gleichmäßig in die Form füllen.
3. Die Mandarinenfilets in einem Sieb abtropfen lassen, auf dem Teig verteilen und dabei leicht in den Teig drücken. Den Kuchen im vorgeheizten Ofen etwa 30 Minuten goldbraun backen, aus dem Ofen nehmen und ganz abkühlen lassen.
4. Für den Belag die saure Sahne mit dem gesiebten Puderzucker gut vermischen. Die steif geschlagene Sahne vorsichtig unter die saure Sahne heben und die Sahnemischung auf den Teig streichen. Den Kuchen locker zugedeckt im Kühlschrank mindestens über Nacht, am besten 1 ganzen Tag, durchziehen lassen.
5. Zum Servieren den Tortenring lösen und den Kuchen großzügig mit Zimtzucker bestreuen.

Orangensabayon

Für das Sabayon:
2 Eigelb · ⅛ l Orangensaft
1 Msp abgeriebene Schale einer unbehandelten Orange
etwa 1 EL Zucker (je nach Säuregehalt der Orangen)

Zum Anrichten:
150 g Sand-, Mohn-, Nusskuchen oder ähnliches · etwas Orangenlikör (z. B. Grand Marnier)
100 g frische Himbeeren

Für 4 Personen

1. Für das Sabayon das Eigelb mit Orangensaft, Orangenschale und Zucker in einer Schüssel verrühren. Etwas Wasser in einem Topf zum Kochen bringen, die Schüssel darauf setzen. Mit einem feinmaschigen Schneebesen die Orangensaft-Eigelb-Mischung über dem Wasserdampf zu einem feinporigen, hellgelben Schaum (Sabayon) aufschlagen. Dabei darauf achten, dass die Temperatur 80 °C nicht übersteigt, da sonst das Eigelb stocken würde.
2. Zum Anrichten des Desserts den Sandkuchen in größere Würfel schneiden, in Gläser füllen und mit etwas Orangenlikör beträufeln. Die Himbeeren verlesen und über den Kuchenstücken verteilen. Das Orangensabayon warm darüber fließen lassen.

Getränkte kleine Hefekuchen mit Himbeersauce und weißem Pfirsich

Für die Hefekuchen:

7 g frische Hefe
50 ml lauwarme Milch
7 g Salz · 250 g Mehl (gesiebt)
3 Eier · 1 TL Zucker
75 g weiche Butter
Butter und Mehl für die Förmchen

Für den Tränksirup:

60 g Zucker · 2 cm Zimtrinde
1 Prise Vanillemark
70 ml Weißwein
25 ml Himbeergeist
1 TL frischer Zitronensaft

Für die Himbeersauce:

300 g reife Himbeeren
30 g Zucker
½ EL Zitronensaft

Für die Pfirsiche:

2 reife weiße Pfirsiche
1 TL Puderzucker (gesiebt)
20 g Butter
2 EL Himbeergeist

Für 4 Personen

1 Für die Hefekuchen die Hefe mit der warmen Milch und dem Salz auflösen und zugedeckt an einem warmen Ort 10 Minuten stehen lassen. Mehl, Eier und Zucker zur Hefe geben und mit den Knethaken des Rührgeräts zu einem elastischen Teig kneten. Die weiche Butter nach und nach dazugeben, jedes Mal gut unterarbeiten, bis der Teig glänzt. Den Teig an einem warmen Ort zugedeckt 1 Stunde gehen lassen, bis er sein Volumen verdoppelt hat.

2 Ofen auf 170 °C vorheizen. Teig in golfballgroße Stücke teilen und mit wenig Mehl zu gleichmäßigen Kugeln formen. Mit dem Daumen in die Mitte jeweils ein Loch drücken und zu einem Ring ausformen. Die Savarinförmchen mit Butter bestreichen, mit Mehl bestäuben und die Teigringe hineinsetzen. Nochmals 15 Minuten gehen lassen, dann die Hefekuchen 20 Minuten backen.

3 Für den Tränksirup 70 ml Wasser mit Zucker, Zimt und Vanille aufkochen. Wein, Himbeergeist und Zitronensaft dazugeben und auskühlen lassen. Die Hefekuchen aus den Förmchen nehmen und noch warm vollständig in den Tränksirup tauchen, bis sie sich gut vollgesaugt haben. Auf einem Kuchengitter abtropfen lassen und mit restlichem Sirup beträufeln.

4 Für die Himbeersauce die Himbeeren mit Zucker bestreuen und den Zitronensaft darüber träufeln. In einem Mixer pürieren und durch ein Sieb passieren. Dabei bleiben alle Kerne zurück und man erhält eine glatte Sauce, die ihre Bindung durch die Früchte erhält.

5 Für die Pfirsiche die Früchte vorsichtig schälen, halbieren, den Kern entfernen und die Pfirsichhälften in gleich große Spalten schneiden. Den Puderzucker in einer Pfanne bei mittlerer Temperatur leicht karamellisieren und die Pfirsichspalten dazugeben. Die Butter hinzufügen und darin schmelzen lassen, mit dem Himbeergeist ablöschen. Pfirsiche warm mit den Hefekuchen und der Himbeersauce servieren.

» Die Savarinförmchen sind kleine Kranzformen von etwa 10 cm Durchmesser mit abgerundetem Boden. Der Kranz ist meist ebenso breit wie tief, in diesem Fall 2 bis 3 cm. Am besten verwenden Sie beschichtete Savarinförmchen. «

Millirahmstrudel

Für den Strudel:
2 Äpfel · 40 g Rosinen
2 EL brauner Rum
200 g Toastbrot
1 Vanilleschote · 1/8 l Milch
60 g weiche Butter
60 g Puderzucker
3 Eigelb
70 g Quark · 60 g saure Sahne
1/2 TL abgeriebene Schale einer unbehandelten Zitrone
40 g grob gehackte Pistazien
3 Eiweiß
30 g Zucker · Salz
2 Strudelblätter (à 40 x 60 cm)
Mehl für das Küchentuch
flüssige Butter zum Bestreichen und für die Form
Puderzucker zum Bestäuben

Für den Guss:
1/4 l Milch
70 g Zucker
2 kleine Eier

Für 4 Personen · Foto rechts

1 Für den Strudel die Äpfel waschen, schälen, halbieren, entkernen und in knapp 1 cm große Würfel schneiden. Die Rosinen in Rum einlegen.

2 Das Toastbrot entrinden und in Würfel schneiden. Die Vanilleschote der Länge nach aufschlitzen, das Mark herauskratzen und beiseite stellen. Die Milch mit der ausgekratzten Schote aufkochen und über die Brotwürfel geben. Zugedeckt 5 Minuten stehen lassen, dann die Schote wieder entfernen.

3 Butter und Puderzucker mit dem Handrührgerät schaumig schlagen, dabei nach und nach das Eigelb dazugeben. Quark mit saurer Sahne verrühren und unter die Buttermasse mischen. Ausgekratztes Vanillemark, Zitronenschale, Pistazien und Rumrosinen unterrühren.

4 Eiweiß mit Zucker und 1 Prise Salz zu einem festen, cremigen Eischnee schlagen. Das eingeweiche Toastbrot, die Apfelwürfel und den Eischnee vorsichtig mit einem Teigschaber unter die Quarkmasse ziehen.

5 Die Strudelblätter auf einem bemehlten Küchentuch ausbreiten, mit etwas flüssiger Butter bestreichen und aufeinander legen. An einer Längsseite entlang die Füllung verteilen, die Querseiten leicht einschlagen und den Strudel mithilfe des Küchentuchs aufrollen. Den Strudel im Ganzen mit der Naht nach unten in eine gebutterte Auflaufform legen. Den Backofen auf 180 °C vorheizen.

6 Für den Guss Milch mit Zucker und Eiern verquirlen und über den Strudel gießen. Den Strudel im vorgeheizten Ofen in etwa 40 Minuten goldbraun backen.

7 Etwa 5 Minuten vor Garzeitende den Strudel mit flüssiger Butter bestreichen und mit Puderzucker bestäuben. Zum Karamellisieren nochmals 5 Minuten in den Ofen schieben. Zum Servieren in Stücke schneiden.

» Damit der Strudel in die Auflaufform bzw. Reine passt, je nach Länge U- oder S-förmig einlegen. Den Strudel am besten frisch mit einer Fruchtsauce oder einem Kompott servieren. «

Vanilletöpfchen

Für das Vanilletöpfchen:

4 Eigelb
60 g Zucker
1 Vanilleschote
400 ml Milch

Für 4 Personen

1. In ein tiefes Backblech 2 cm hoch Wasser füllen, auf die mittlere Schiene des Backofens schieben und den Ofen auf 150 °C vorheizen.

2. Eigelb mit Zucker in einer Schüssel verrühren, bis sich der Zucker aufgelöst hat, aber nicht schaumig schlagen. Die Vanilleschote der Länge nach halbieren, das Mark herauskratzen und Mark und Schote mit der Milch aufkochen. Die Vanillemilch in die Eigelbmasse rühren und alles durch ein Sieb gießen. 3 Minuten abkühlen lassen und in kleine Auflaufförmchen oder ofenfeste Kaffeetassen füllen.

3. Auf das Backblech stellen und etwa 35 Minuten darin cremig weich garen. Abkühlen lassen, 2 bis 3 Stunden im Kühlschrank durchkühlen lassen und mit dünnen Plätzchen oder Mandelkeksen servieren.

4. Für eine Variante kann das Rezept zu einem Kaffeetöpfchen abgewandelt werden, indem statt Vanille etwas Instantkaffee oder ein starker Espresso und einige Tropfen Rum in die Milch gegeben werden.

Kräuterwaffeln mit Spargelrührei

Für die Waffeln:

2 große Kartoffeln (etwa 350 g)
Salz · 250 g Mehl (gesiebt)
1 TL Zucker
2 TL Backpulver
1 Prise frisch geriebene Muskatnuss
3 Eigelb · ½ l Buttermilch
100 g geschmolzene Butter
3 Eiweiß
3 EL frisch gehackte gemischte Kräuter (z. B. Petersilie, Schnittlauch, Kerbel)
Öl für das Waffeleisen

Für das Rührei:

½ Bund grüner Spargel
1 EL Öl
Salz · Pfeffer aus der Mühle
8 Eier · 1 EL Sahne
20 g Butter

Für 4 Personen

1 Für die Waffeln die Kartoffeln schälen, waschen, vierteln und in Salzwasser weich kochen. Abgießen, kurz abdampfen lassen und noch heiß durch die Kartoffelpresse drücken. Mehl, Zucker, Backpulver, 1 Prise Salz und Muskatnuss in einer großen Schüssel miteinander mischen. In einer zweiten Schüssel Eigelb, Buttermilch und die geschmolzene Butter mischen und zum Mehl geben. Nur kurz unterrühren, sodass alle Zutaten gerade vermischt sind. Den Kartoffelschnee dazugeben und ebenfalls unterrühren. Eiweiß mit 1 Prise Salz steif schlagen und in 2 Portionen unter den Teig heben. Zum Schluss die gehackten Kräuter dazugeben.

2 Das Waffeleisen aufheizen, den Ofen auf 80 °C vorheizen. Die Waffeln im eingeölten Waffeleisen nacheinander ausbacken und im vorgeheizten Ofen warm halten.

3 Für das Rührei den Spargel im unteren Drittel schälen, waschen und schräg in dünne Scheiben schneiden. In einer Pfanne bei mittlerer Hitze im Öl bissfest braten. Salzen und pfeffern und warm halten. Eier mit der Sahne in einer Schüssel verrühren, salzen und pfeffern und auf den Spargel geben. Bei milder Hitze unter Rühren leicht stocken lassen. Zum Schluss die Butter dazugeben und schmelzen lassen.

4 Zum Anrichten das Spargelrührei auf vorgewärmten Tellern verteilen und mit den warmen Kräuterwaffeln servieren.

» Die Kräuterwaffeln lassen sich gut verpackt bis zu 1 Monat einfrieren. Zusammen mit dem Spargelrührei und mit einem kleinen gemischten Salat können sie als leichtes Hauptgericht oder zum Brunch serviert werden. «

Semmelknödelgröstl mit weißem Trüffel

Für die Semmelknödel:
400 g Semmeln (Brötchen) vom Vortag
4 Eier
350 ml Milch
Salz · Pfeffer aus der Mühle
frisch geriebene Muskatnuss
1 Zwiebel
1 EL Öl
1 EL frische Petersilie (grob gehackt)
Butter für die Folie

Für das Gröstl:
etwas Öl und Butter zum Braten
4 Eier
Salz · Pfeffer aus der Mühle
1 EL frische Schnittlauchröllchen
frischer weißer Trüffel (geputzt; etwa 2 g pro Person)

Für 4 Personen

1. Für die Semmelknödel die Semmeln in kleine Würfel schneiden. Die Eier trennen. Die Milch einmal kurz aufkochen und vom Herd nehmen. Das Eigelb verrühren und dazugeben, mit Salz, Pfeffer und Muskatnuss würzig abschmecken und alles über die Semmelwürfel gießen. Das Eiweiß leicht verschlagen und unter die Masse heben. Die Knödelmasse mit Frischhaltefolie bedecken und 10 Minuten stehen lassen. Die Zwiebel schälen, in kleine Würfel schneiden und im Öl glasig dünsten. Die Zwiebelwürfel und die Petersilie zur Knödelmischung geben und vorsichtig unterheben.

2. Die Knödelmasse zu einer Stange von 4 cm Durchmesser formen und in gebutterte Alufolie hüllen. Die Enden fest zudrehen und die Knödelstange in siedendem Wasser 20 bis 25 Minuten ziehen lassen. Herausheben, aus der Folie nehmen und in Scheiben schneiden.

3. Für das Gröstl die Knödelscheiben in einer Pfanne im Öl mit einem kleinen Stück Butter bei mittlerer Hitze von beiden Seiten anbraten. Die Eier verquirlen, mit Salz und Pfeffer würzen und in die Pfanne über die angebratenen Knödelscheiben gießen. Die Eier leicht stocken lassen und das Gröstl auf warme Teller verteilen. Mit Schnittlauchröllchen bestreuen und den weißen Trüffel mit einem Trüffelhobel fein darüber hobeln.

» Man kann statt einer Stange auch mehrere Knödel aus der Masse formen und diese 20 Minuten in siedendem (nicht kochendem) Wasser gar ziehen lassen. Bei der Stange hat man allerdings schönere gleichmäßige Scheiben zum Anbraten. «

Lauwarmer herzhafter Käsekuchen

Für den Boden:

120 g Blätterteig (tiefgekühlt)
Butter für die Förmchen

Für die Füllung:

1 kleine Zwiebel
1 EL Öl
120 g würziger, halbfester Bergkäse
50 g Edelpilzkäse
100 ml Milch
100 g Sahne
2 kleine Eier
Kümmel aus der Mühle
etwas frisch geriebene Muskatnuss
Salz

Für 4 Personen

1 Für den Boden die Blätterteigplatten auslegen und auftauen lassen. Dünn ausrollen und 4 Kreise von 15 cm Durchmesser ausschneiden. Mit einer Gabel mehrmals einstechen. 4 Tarteförmchen von etwa 10 cm Durchmesser und einem 1 ½ cm hohen Rand mit Butter bestreichen und mit den Blätterteigkreisen auslegen, falls nötig, die Ränder abschneiden.

2 Für die Füllung die Zwiebel schälen und in kleine Würfel schneiden. Mit dem Öl in einer Pfanne glasig dünsten, abkühlen lassen und in den ausgelegten Förmchen verteilen. Den Backofen auf 200 °C vorheizen. Den Bergkäse und den Edelpilzkäse in Würfel schneiden und beide Käsesorten gleichmäßig auf den Zwiebelwürfeln verteilen. Milch, Sahne und Eier mit einem Schneebesen kräftig aufschlagen. Mit Kümmel und Muskatnuss würzen und leicht salzen. Die Eiermilch so auf den Käse gießen, dass die Förmchen zu drei Viertel gefüllt sind. Die Käsekuchen im vorgeheizten Ofen in etwa 20 Minuten goldbraun backen und warm servieren.

Varianten:

- Für einen Spinatkäsekuchen die Käsemenge auf 80 g Bergkäse und 40 g Edelpilzkäse reduzieren. 100 g blanchierte, ausgedrückte Spinatblätter klein schneiden und mit dem Käse in Förmchen verteilen. Weiter verfahren, wie im Rezept beschrieben.
- Für einen Kräuterkäsekuchen mit dem Käse 2 EL frisch gehackte Kräuter, wie z. B. Petersilie, Kerbel oder Thymian, und 1 Messerspitze frisch gehackten Knoblauch vermischen. Weiter verfahren, wie im Rezept beschrieben.
- Für einen Käse-Birnen-Kuchen ½ reife, feste Birne schälen, entkernen und in sehr kleine Würfel schneiden. Mit dem Käse vermischen und die Kuchen wie oben fertig stellen.

» Zu den Käsekuchen passen gut Senffrüchte, ein kleiner Salat oder auch eine pikante Salsa. «

A

Abgeschmolzene Kartoffelmaultaschen mit Röstzwiebeln 105
Ausgelöste Kalbshaxen mit Oliven und Salbei 64
Avocadosalat mit cremigem Limettendressing 20

B

Backhendlsalat mit Zitronen-Senf-Sabayon 21
Bayerisches Wurzelfleisch 58
Blanquette vom Huhn (Grundrezept) 79
Böfflamott mit Ganserlleber und Rhabarber-Chutney 70
Bouillabaisse, gelierte 37
Bouillabaisse-Vinaigrette (Grundrezept) 12
Bratkartoffelsalat mit schwarzem Trüffel 24
Bratsaibling, marinierter (Grundrezept) 35
Braune Butter (Grundrezept) 122
Brezenknödel (Grundrezept) 131
Brezenknödelsalat 16
Bröselkartoffeln (Grundrezept) 99
Burgunderschnecken auf Salat von Pfifferlingen und Steinpilzen 20
Butter, braune (Grundrezept) 122
Butter, geklärte (Grundrezept) 122

C

Chicken Wings (Grundrezept) 79
Chicorée, geschmorter (Grundrezept) 14
Country-Ei zum Frühstück (Grundrezept) 121

E

Ei, Country-Ei zum Frühstück (Grundrezept) 121
Ei, gebackenes pochiertes (Grundrezept) 121

F

Fasanenbrust auf Spitzkohl 88
Feldsalat mit Geflügelleber und Kapern-Granatapfel-Vinaigrette 18
Forellensuppe, geräucherte, mit Muscheln 36
Freilandhendlbrust mit gebratenem Gemüse und Erdnusssauce 84
French Dressing (Grundrezept) 13
Frittierte Sellerie-Chips (Grundrezept) 15
Fusilli mit grünen Bohnen und Oliven 113

G

Gebackenes pochiertes Ei (Grundrezept) 121
Gebeizter Lachs (Grundrezept) 35
Gebratene Mandel-Nockerl 124
Gebratene Wachtel (Grundrezept) 78
Gebratener Lachs-Zander-Strudel auf Spinat-Kohlrabi-Salat 44
Gebratenes Gemüse (Grundrezept) 14
Gedünstete Kopfsalatherzen (Grundrezept) 14
Geflügelbrust mit Limetten-Basmatireis und Currysauce 86
Gefüllte Gnocchi mit Kräutern 104
Gefüllte Kalbsbrust (Grundrezept) 56
Gefüllte Schweineschnitzel in Käsehülle 61
Gefülltes Perlhuhn mit Pilzen 82
Gegrillte Tintenfische mit schwarzem Pesto 42
Geklärte Butter (Grundrezept) 122
Gekochte Rinderbrust mit Gemüse 67
Gelierte Bouillabaisse 37
Gemüse, gebratenes (Grundrezept) 14
Gemüseeintopf mit Steinpilzen 31
Gemüsepfanne mit gedörrten Früchten und Speck 26
Gemüsepizza mit Blätterteig 27
Gemüsesauce, pikante (Grundrezept) 101
Gemüseterrine 28
Geräucherte Forellensuppe mit Muscheln 36
Geräucherter Rehrücken auf Rosenkohlblättersalat 92
Geschmorte Wildhasenkeulen mit Schokoladen-Kirsch-Chutney 90
Geschmorte Wildschweinschulter 93
Geschmorter Chicorée (Grundrezept) 14
Getränkte kleine Hefekuchen mit Himbeersauce und weißem Pfirsich 127
Glasierter Schweinebauch 57
Gnocchi, gefüllte, mit Kräutern 104

H

Halsgrat vom Schwein (Grundrezept) 54
Hefekuchen, getränkte kleine, mit Himbeersauce und weißem Pfirsich 127
Hirschgröstl mit Steinpilzen und Pfirsichspalten 87
Hühnersuppe (Grundrezept) 78

K

Kabeljau in Brotkruste mit jungem Weißkraut und Pfifferlingen 46
Käsekuchen, lauwarmer herzhafter 132
Kalbfleischpflanzerl auf feurigem Kartoffelsalat 65
Kalbsbraten (Grundrezept) 56
Kalbsbrust, gefüllte (Grundrezept) 56
Kalbshaxen, ausgelöste, mit Oliven und Salbei 64
Kalbsleber mit Rotweinbutter und Birnen-Kartoffel-Püree 71
Kalbssauce (Grundrezept) 55
Kartoffelgratin (Grundrezept) 99
Kartoffelgulasch 102
Kartoffel-Knoblauch-Gröstl mit Rostbratwürstel 109
Kartoffel-Marmorkuchen 108
Kartoffelmaultaschen, abgeschmolzene, mit Röstzwiebeln 105
Kartoffeln im Salzbett mit Dips 106
Kartoffelpüree (Grundrezept) 98
Kichererbsenpflanzerl auf Tomatencarpaccio 30
Kopfsalatherzen, gedünstete (Grundrezept) 14
Kräuter-Meerrettich-Pesto (Grundrezept) 101
Kräuterwaffeln mit Spargelrührei 130
Krebssülze im weißen Tomatenmantel 43

L

Lachs, gebeizter (Grundrezept) 35
Lachsforelle im Nudelblatt mit Spinat und Senfsauce 47
Lachs-Zander-Strudel, gebratener, auf Spinat-Kohlrabi-Salat 44
Lasagne mit Spinat und arabischen Gewürzen 114
Lauwarmer herzhafter Käsekuchen 132

M

Mandel-Nockerl, gebratene 124
Marinierter Bratsaibling (Grundrezept) 35
Meeresfrüchtesalat mit rotem Pesto 22
Mie de pain 21
Millirahmstrudel 128

N

Nudelfleckerl mit Rettich und Trüffel 115
Nudeln kochen (Grundrezept) 100

O

Orangensabayon 126

P

Pappardelle mit Kaninchenragout 112
Perlhuhn, gefülltes, mit Pilzen 82
Pfannkuchen (Grundrezept) 122
Pikante Gemüsesauce (Grundrezept) 101
Pommes frites (Grundrezept) 99
Portwein-Vinaigrette (Grundrezept) 12
Poulardenbrust mit Kräutern (Grundrezept) 78
Poulardenkeule aus dem Pfeffertopf 83
Püree mit Knoblauch und Olivenöl 98
Püree mit Speck und Endiviensalat 98

R

Rahmscharrn mit karamellisierten Äpfeln 123
Rehrücken, geräucherter, auf Rosenkohlblättersalat 92
Renke auf Tomaten-Olivenöl-Dressing 46
Rigatoni mit Salami, Zuckerschoten und weißer Pfeffersauce 110
Rinderbrust, gekochte, mit Gemüse 67
Rindfleisch-Thunfisch-Tatar 73
Rindsgulasch mit gebratenen Kardamom-Grießnockerl 72
Rindsrouladen mit getrüffeltem Brät 66
Rotbarbe mit Kartoffel-Zitronen-Püree 49
Rote-Bete-Ravioli mit Mohnbutter 113
Rote-Bete-Salat mit Matjes 42
Rote-Bete-Schnitzel (Grundrezept) 15
Rotweinbeize für Wild (Grundrezept) 80

S

Saibling im Salzteig mit Basilikumöl 40
Salat aus Buchweizen-Spaghetti mit Schinken, Melone und Minze 109
Salat vom Tafelspitz 69
Salsa verde (Grundrezept) 13
Sauce, scharfe, aus kandierten Tomaten (Grundrezept) 100

Sauerrahmkuchen 126
Schalotten in Rotwein (Grundrezept) 13
Scharfe Sauce aus kandierten Tomaten (Grundrezept) 100
Schokoravioli mit Apfel-Rosinen-Ragout 116
Schweinebauch, glasierter 57
Schweinebraten (Grundrezept) 55
Schweinefilet mit Speck (Grundrezept) 54
Schweinekarree mit geschmortem Knoblauchgemüse 62
Schweinelende mit Senf-Honig-Sauce 61
Schweinemedaillons mit Speck (Grundrezept) 54
Schweineschnitzel, gefüllte, in Käsehülle 61
Schweinshaxenvögerl auf asiatische Art 60
Seeteufel mit Kümmel und kandierten Tomaten auf Lauchgemüse 38
Sellerie-Chips, frittierte (Grundrezept) 15
Sellerierostbraten auf Dillbohnen 68
Semmelknödelgröstl mit weißem Trüffel 131
Soufflé (Grundrezept) 122
Spargelsalat, warmer, mit Morcheln 25
Staudensellerie in Tempurateig (Grundrezept) 15

T

Tafelspitz (Grundrezept) 56
Thunfisch in Olivenöl (Grundrezept) 35
Thunfisch-Knoblauch-Salat 19
Thunfisch-Rettich-Carpaccio 40
Tintenfische, gegrillte, mit schwarzem Pesto 42
Tomaten-Oliven-Tatar im Parmesankörbchen 18
Trockenbeize für Wild (Grundrezept) 80

V

Vanilletöpfchen 129
Vinaigrette (Grundrezept) 12

W

Wachtel, gebratene (Grundrezept) 78
Waller in der Senfkruste mit Wirsing-Birnen-Gemüse 48
Warmer Spargelsalat mit Morcheln 25
Wildhacksteaks 89
Wildhasenkeulen, geschmorte, mit Schokoladen-Kirsch-Chutney 90
Wildsauce (Grundrezept) 80
Wildsauce mit Preiselbeeren 81
Wildsauce mit Schokolade 81
Wildschweinschulter, geschmorte 93
Wurzelfleisch, bayerisches 58

Z

Zitronengrasspieße mit Garnelen und Schwertfisch 41

Bildnachweis

Coverfotos, Kapitelaufmacher und Rezeptfotos: Christian R. Schulz

Umschlaginnenseiten und Porträt S. 7: Alexander Haselhoff

Stepfotos: S. 10–11, 34, 76, 77 rechts, 96–97 und 120: StockFood Eising/Susie Eising; S. 77 links und Mitte: Teubner Foodfoto

Titelrezept:

Das Rezept auf der Umschlagvorderseite ist eine Sülze mit Gemüse- und Fleischwürfeln, dazwischen geschichtet ist Tomatenmousse (vergleiche auch Rezept S. 43).